✦ 초등학생이 알아야 할 한국사 인물 100명!

설민석의 초등 한국사 독해

Dankkumi

왜 한국사와 독해일까요?

한국사는 독해와 떼려야 뗄 수 없는 과목이기 때문이에요.

5학년이 되면 학교에서 본격적으로 한국사를 배우기 시작해요.
한국사에서는 다양한 역사적 사건·제도·문화 등이 소개되며
낯선 어휘들이 쏟아지기 시작하죠.
독해의 기본이 되는 어휘력이 부족하면 당연히 한국사의 전체적인
흐름을 파악하는 것도 매우 어렵겠죠?

긴 문장을 '정확하게 제대로' 읽는 것이 무엇보다 중요해요.

대부분의 한국사 교재는 방대한 역사적 사건이나 흐름을 설명하기 위해
서술형으로 되어 있어요. 독해력이 향상되면 복잡한 내용을 쉽게
이해하고, 요점을 빠르게 파악할 수 있어요.
독해력이 부족하다면? 중요한 내용과 그렇지 않은 것을 구분하기
힘들기 때문에 학습의 효율이 크게 떨어지게 돼요.

설쌤은 고민했습니다.
한국사를 부담 없이 시작하고, 동시에 독해력까지 키울 수는 없을까?
그 고민의 결과는?

**재미있는 이야기를 통해 한국사 기초 지식을 익히고,
동시에 독해 실력까지 향상시켜주자!**

설쌤의 기나긴 고민의 결과물을 여러분께 선보입니다.
이제 여러분의 손에 달려 있어요. 설쌤이 늘 함께 하겠습니다!

한국사와 독해력! 동시에 잡아요!

한국사 인물 100명의 이야기를 시대순으로 구성했어요.
재미있게 이야기를 읽으며,
한국사 지식과 독해력을 모두 잡아 봅시다.

1권
우리 역사의 시작 ~ 고대

2권
통일 신라와 발해~고려

3권
조선

4권
일제 강점기~현대

한국사 지식 UP!
독해력도 UP!

이 책의 특장점

어휘>한국사>독해 3단계 학습전략

어휘
기본 어휘
예습 및 활용

➡️

한국사
재미난 한국사
인물 이야기로
지식 습득

➡️

독해완성
다양한 문제와
구조도로 마무리,
독해 실력 강화!

> 여러분에게 조금 더 많은 이야기를 들려주고 싶을 때
> 설쌤의 영상 QR코드를 넣어두었어요.
> QR코드가 보인다면 접속해보세요!

---

03 러시아 땅에서 독립운동을 이끌다
최재형

설쌤 강의 보기

1860년 최재형 출생 · 1911년 권업회 조직 · 1920년 최재형 사망

어휘 미리보기

선 장
배에 탄 선원들을 감독하고, 배의 항해와 사무를 책임지는 사람.

성 실
정성스럽고 참됨.

끈 기
쉽게 포기하지 아니하고 끈질기게 견뎌 나가는 기운.

상 인
장사를 직업으로 하는 사람.

조 국
조상 때부터 대대로 살던 나라.

고 향
자기가 태어나서 자란 곳.

어휘 사용하기

> 온달아, 오늘 학교에서 지도자에 대해서 배웠는데, 너는 지도자란 무엇이라고 생각해?

> 음......
> 난 지도자란 배를 이끄는 선장과 같다고 생각해.

> 맞아, 제대로 된 선장이 없으면 배가 가라앉는 것처럼 말이야.

> 그래서 지도자는 끈기가 있어야 하고 성실해야 돼.

> 그리고 무엇보다 조국을 위할 줄 알아야지!

최재형은 러시아에서 자랐지만 조국의 어려움을 외면하지 않았다고 해.
그가 독립운동에 어떤 역할을 했는지 알아보자.

1 주 3 일 학습일

살 조선에서 태어난 최재형은 왜 러시아에서 살았을까? 그건 당시 조선의 ○○ 못했기 때문이야. 그의 어린 시절이던 1860년대 조선은 매우 혼란스러웠어. ○○○들은 백성의 재산을 빼앗기 바빴어. 최재형의 가족은 이를 피해 연해주라는 ○○으로 갔어. 하지만 가난이 해결되지는 않았지. 결국 최재형은 배고픔을 참지 ○○고 집을 뛰쳐나왔어. 걷다 지친 어린 최재형은 지쳐서 쓰러지고 말았지.
"이 아이는 누구지? 배로 데려가야겠군."
최재형을 발견한 러시아인 선장은 최재형을 데려갔어. 최재형은 선장을 따라 세계 곳곳을 다니며 많은 경험을 했지. 시간이 흘러 그는 성실함과 끈기를 무기로 러시아 군대에 물건을 납품하는 상인으로 성장했어. 이후 최재형은 큰 부자가 되었지.

안중근 의거 지원 최재형은 자신이 태어난 조국을 잊지 않았어. 당시 대한 제국은 일본의 침략으로 나라를 거의 잃기 직전이었지. 최재형은 나라에 대한 걱정이 컸어.
"나라를 잃으면 우리 백성들이 나처럼 고향을 떠날 수밖에 없을 텐데......."
그러던 중 그는 당시 연해주에서 활동하던 안중근을 만났어. 안중근은 우리나라를 빼앗는 데 앞장서던 일본의 이토 히로부미를 죽이려고 했지. 그 소식을 들은 최재형은 안중근을 적극적으로 도왔어. 안중근이 이토 히로부미를 저격한 뒤 붙잡혀 사형을 당하자, 최재형은 남겨진 안중근의 가족들을 잘 보살펴 주었대.
연해주의 블라디보스토크에서 항일 독립운동 단체인 권업회가 창설되자, 최재형은 초대 회장을 맡았어. 권업회는 『권업신문』을 발간하여 연해주 지역의 한인들로 하여금 항일 정신을 높이는 데 큰 역할을 했어.
최재형은 러시아 지역에서 독립운동을 계속하다 일본군에 체포되어 총살되었어. 너무 안타까운 죽음이었단다.

어휘 어휘부터 알아보자!

이야기에 등장하는 중요 어휘를 먼저 알아볼게요.
어휘를 미리 익히면 설쌤의 이야기가 더 쉽게 이해될 거예요.
어휘력이 향상되면 방대한 한국사의 흐름도 문제 없어요.

한국사 설쌤의 한국사 인물 이야기!

초등학생이라면 꼭 알아야 할 100명의 역사 인물로 이야기를 구성했어요.
각 문단의 첫머리에서 해당 문단의 핵심 주제를 확인할 수 있어요. 핵심 주제를 바탕으로 내용을 정확하게 파악하는 것이 중요해요.

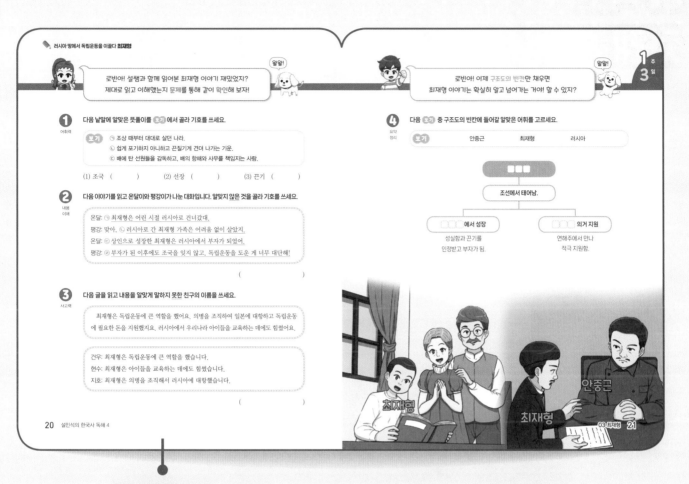

독해완성 다양한 유형의 문제와 구조도로 독해력 완성!

❶ [어휘력]-[내용이해]-[사고력]으로 구성된 문제를 통해 오늘 살펴본 어휘와 설쌤의 한국사 이야기를 제대로 파악했는지 확인해 봅시다.

❷ 마지막으로 오늘의 인물 이야기를 구조도로 머릿속에 깔끔하게 정리하면 끝!

역사를 들여다보면
같은 시대에 살면서 비슷한 꿈을
가진 사람들이 있었어요.
하지만 서로 다른 목표를 가지고
있어서 싸운 사람들도 있었죠.
매주 <생각 키우기 인물PLUS>에서
역사 속 유명인들의 흥미로운 관계를
함께 알아보아요.

이 책의 차례

✏️ <정답과 도움말>은 책 안에 별도의 책으로 드려요!

1권, 2권, 3권 살펴보기

1권

	01	02	03	04	05	인물PLUS
1주	단군왕검	동명성왕	온조	박혁거세	김수로	김수로VS석탈해
	06	07	08	09	10	인물PLUS
2주	석탈해	김알지	근초고왕	무령왕	을파소	근초고왕VS고국원왕
	11	12	13	14	15	인물PLUS
3주	광개토 대왕	장수왕	진흥왕	우륵	온달	성왕VS진흥왕
	16	17	18	19	20	인물PLUS
4주	을지문덕	원효	의상	선덕 여왕	무열왕	원효와 의상
	21	22	23	24	25	인물PLUS
5주	문무왕	김유신	연개소문	계백	의자왕	김유신VS계백

2권

	01	02	03	04	05	인물PLUS
1주	신문왕	대조영	장보고	최치원	견훤	견훤VS왕건
	06	07	08	09	10	인물PLUS
2주	궁예	왕건	광종	서희	강감찬	서희와 강감찬
	11	12	13	14	15	인물PLUS
3주	최충	윤관	의천	김부식	일연	김부식과 일연
	16	17	18	19	20	인물PLUS
4주	정지상	최충헌	만적	삼별초	안향	최충헌VS만적
	21	22	23	24	25	인물PLUS
5주	공민왕	신돈	문익점	최영	정몽주	공민왕과 신돈

3권

	01	02	03	04	05	인물PLUS
1주	이성계	정도전	태종	세종	장영실	정몽주VS정도전
	06	07	08	09	10	인물PLUS
2주	이황	신사임당	이이	류성룡	이순신	신사임당과 이이
	11	12	13	14	15	인물PLUS
3주	곽재우	광해군	허준	허난설헌	숙종	허난설헌과 허균
	16	17	18	19	20	인물PLUS
4주	안용복	영조	정조	정약용	김홍도	영조와 정조
	21	22	23	24	25	인물PLUS
5주	김정호	흥선 대원군	전봉준	김대건	최제우	흥선 대원군VS명성 황후

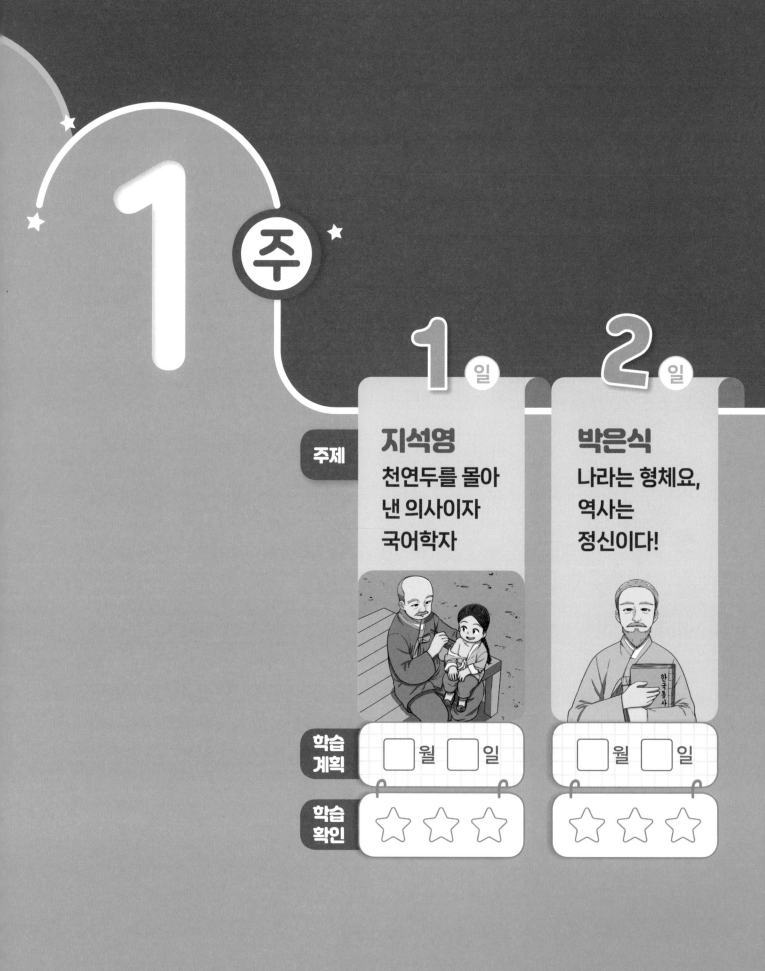

1주

1일

주제

지석영
천연두를 몰아낸 의사이자 국어학자

학습 계획 ☐월 ☐일

학습 확인 ☆ ☆ ☆

2일

박은식
나라는 형체요, 역사는 정신이다!

학습 계획 ☐월 ☐일

학습 확인 ☆ ☆ ☆

이번 주에 만날 인물 5명의 특징을
제목으로 먼저 살펴보자.

3일

최재형
러시아 땅에서
독립운동을
이끌다

☐ 월 ☐ 일
☆ ☆ ☆

4일

나철
단군신앙을
토대로 '대종교'
를 창시하다

☐ 월 ☐ 일
☆ ☆ ☆

5일

서재필
나라의 근대적
개혁과 독립을
열망하다

☐ 월 ☐ 일
☆ ☆ ☆

01 천연두를 몰아낸 의사이자 국어학자 지석영

1855년
지석영 출생

1894년
종두법 시행

1907년
국문연구소 설립

어휘 미리보기

서 당
옛날에 한문을 가르치던 곳.

희 생
누군가를 위하여 목숨, 재산, 명예, 이익 등을 바치는 것.

군 의 관
군대에서 다친 군인들을 치료해 주는 의사의 일을 하는 장교.

제 작
재료를 가지고 새로운 물건을 만듦.

작 업
일정한 목적과 계획 아래 하는 일.

규 칙
여러 사람이 다 같이 지키기로 한 법과 질서.

어휘 사용하기

오늘 학교에서 선생님을 도와 큰 작업을 했어.

어떤 작업을 했는데?

친구들의 장래 희망을 하나씩 정리했어.
표로 제작해서 한눈에 알아볼 수 있게 했지.

친구들 장래 희망 중에는 군의관 이라는 직업도 있더라?

군대에서 다친 군인들을 치료해 주는 의사 말이지?
희생 정신이 대단한 것 같아!

옛날에는 천연두라는 병에 걸리면 거의 죽은 것이나 다름없었어.
이때 **지석영**은 많은 사람들을 살렸는데, 그 방법이 무엇이었을까?

의학 공부 지석영은 양반 집안에서 태어났어. 지석영의 아버지는 의학에 관심이 많아서 중인 계급의 의원들과도 친했지. 집안이 어려워지자 아버지는 지석영을 서당에 보내지 못하게 되었어. 그래서 지석영을 친구에게 보내 의학을 공부시켰지.

종두법 도입 조선에 천연두가 무서운 속도로 퍼졌을 때, 어린이들의 희생이 너무나 컸어. 지석영은 지금까지 자신이 배운 의학으로는 천연두를 막을 수 없음을 깨달았지.

"이제까지 배운 공부가 사람의 목숨을 살리는데 아무런 도움이 되지 않는구나. 요즘 서양에서 만들어진 '종두법'이라는 것을 통해 천연두를 막을 수 있다던데……."

지석영은 조선에 있던 일본 군의관이 종두법을 알고 있다는 소식을 듣게 되었어. 지석영은 종두법에 대해 배우겠다는 생각으로 그 일본 군의관이 있다는 먼 곳까지 찾아갔어. 일본 군의관은 자신을 찾아온 지석영을 보고 깜짝 놀랐지.

"아니, 나를 만나기 위해 20일이나 걸려 여기까지 왔단 말이오?"

지석영의 정성에 감동한 일본 군의관은 지석영에게 종두법을 알려 주었어. 지석영은 열심히 공부한 끝에 종두법을 완전히 익혀 천연두로 죽어 가는 아이들에게 도움을 주었지.

한글 연구 한편 지석영은 주시경과 함께 조선어 사전 제작에도 참여했어. 그리고 이 작업에 참여한 것을 계기로 한글 연구에도 관심을 가지게 되었지. 지석영은 사람들이 한글을 규칙 없이 제멋대로 쓰는 것을 보고 화를 내기도 했어.

"세종 대왕께서 만든 한글은 표시 못하는 소리가 없고 배우기 쉬운 글자인데 어떻게 이렇게 규칙 없이 쓴단 말인가? 이것은 학자들이 한글을 똑바로 연구하지 않아서이다."

이후 지석영은 고종의 지원을 받아 한글 연구에도 힘썼대. 🧑

로빈아! 설쌤과 함께 읽어본 지석영 이야기 재밌었지?
제대로 읽고 이해했는지 **문제**를 통해 같이 **확인**해 보자!

왈왈!

1 다음 낱말과 뜻풀이를 알맞게 선으로 이으세요.

어휘력

(1) 서당 •   • ㉠ 옛날에 한문을 가르치던 곳.

(2) 규칙 •   • ㉡ 재료를 가지고 새로운 물건을 만듦.

(3) 제작 •   • ㉢ 여러 사람이 다 같이 지키기로 한 법과 질서.

2 이야기의 내용과 일치하는 것은 O에 표시하고, 그렇지 <u>않은</u> 것은 X에 표시하세요.

내용
이해

(1) 지석영의 아버지는 의원이었습니다.   (O / X)

(2) 지석영은 종두법을 배웠습니다.   (O / X)

(3) 지석영은 한글 연구에 힘썼습니다.   (O / X)

3 다음 글을 읽고 빈칸에 들어갈 알맞은 낱말을 차례대로 쓰세요.

사고력

> 지석영은 서양 의학 책을 많이 읽었어요. 그중 종두법에 관한 책을 읽게 되었지요. 종두법은 최초의 예방 접종이라고 할 수 있어요. 지석영은 종두법을 배워 그 당시 조선에 크게 유행했던 천연두 치료에 도움을 주었어요.

→ 지석영은 ☐☐☐을/를 배워 ☐☐☐ 치료에 큰 도움을 주었습니다.

왈왈!

로빈아! 이제 **구조도의 빈칸**만 채우면

지석영 이야기는 확실히 알고 넘어가는 거야! 할 수 있지?

4
요약
정리

다음 **보기** 중 구조도의 빈칸에 들어갈 알맞은 어휘를 고르세요.

보기　　　　　　지석영　　　　　　종두법

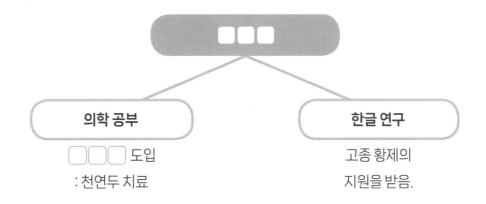

의학 공부	한글 연구
□□□ 도입 : 천연두 치료	고종 황제의 지원을 받음.

주시경

지석영

국문연구소　01 지석영　13

02

나라는 형체요, 역사는 정신이다!
박은식

1859년 박은식 출생	1915년 『한국통사』 간행	1925년 대한민국 임시 정부 제2대 대통령 취임

어휘 미리보기

민 족
오랜 세월 동안 공통적인 언어와 문화, 역사로 형성된 집단.

형 체
물건의 생김새나 그 바탕이 되는 몸체.

정 신
육체나 물질에 대립되는 영혼이나 마음.

독 립
다른 것에 속하거나 의존하지 아니하는 상태로 됨.

외 교
다른 나라와 정치적, 경제적, 문화적 관계를 맺는 일.

극 복
악조건이나 고생 따위를 이겨 냄.

박은식은 일제 강점기에 **우리의 역사를 연구**하여 우리 문화의 우수성을 알리고자 노력한 인물이야. 박은식이 어떤 일을 했는지 함께 알아볼까?

역사 연구 일본에 의해 나라를 잃자 우리 민족은 절망에 빠졌어. 그러자 역사를 공부한 학자들은 우리 민족의 빛나는 역사를 알리자고 생각했지.

"역사를 잊은 민족에게 미래는 없다."

역사학자 박은식은 『한국통사』라는 책을 써서 우리가 일본에 의해 나라를 빼앗기는 과정을 다루었어.

이 책에서 박은식은 이렇게 말했지.

"나라는 없어져도 민족의 역사는 없어질 수 없다고 하였다. 나라는 그저 형체이고 역사는 정신이기 때문이다. 현재 우리의 형체는 없어졌으나 정신만은 끝까지 남아야 한다."

박은식은 이 책을 통해 우리 민족에게 용기를 주어 민족정신만은 잃지 않도록 격려했지.

대한민국 임시 정부의 대통령 박은식은 역사 연구뿐만 아니라 누구보다도 앞장서서 독립운동에 나섰던 사람이기도 해.

특히 그는 3·1 운동의 영향으로 세워진 대한민국 임시 정부의 활동에 참여했어. 당시 대한민국 임시 정부는 다른 나라와의 외교를 통해 독립운동을 할 것인지, 일본에 대항해 싸움으로써 독립운동을 할 것인지 등 여러 독립운동의 방법을 두고 갈등이 심했어. 이러한 대한민국 임시 정부의 분열을 막기 위해 박은식이 대통령의 자리를 맡았지.

"내가 어려운 시기에 대통령이 되었구나. 하지만 내가 이 어려움을 극복하여 대한민국 임시 정부를 바로 세우겠다."

박은식은 대한민국 임시 정부를 한 명의 지도자가 혼자 이끄는 방식이 아닌 여러 명의 지도자들이 같이 이끄는 방식으로 바꾸었어. 그러면서 대한민국 임시 정부의 갈등은 점차 잦아들었지.

왈왈!

로빈아! 설쌤과 함께 읽어본 박은식 이야기 재밌었지?
제대로 읽고 이해했는지 **문제**를 통해 같이 **확인**해 보자!

1

어휘력

다음 뜻풀이에 알맞은 낱말을 보기 에서 골라 쓰세요.

보기	형체	극복	정신

(1) 악조건이나 고생 따위를 이겨냄. ( )

(2) 물건의 생김새나 그 바탕이 되는 몸체. ( )

(3) 육체나 물질에 대립되는 영혼이나 마음. ( )

2

내용
이해

다음 중 이야기의 내용과 일치하지 않는 것은 무엇인가요? ( )

① 박은식은 독립운동에 앞장섰습니다.

② 박은식은 『한국통사』라는 책을 펴냈습니다.

③ 박은식은 대한민국 임시 정부의 대통령이었습니다.

④ 『한국통사』에는 우리나라의 위대한 업적이 주로 담겨 있습니다.

⑤ 박은식은 『한국통사』를 통해 우리 민족의 정신을 강조했습니다.

3

사고력

다음 글을 읽고, 내용을 알맞게 말한 친구의 이름을 쓰세요.

일제 강점기 때, 박은식은 나라의 형태는 잃었어도 그 정신만 잃지 않으면 언제든 다시 일어날 수 있다고 말하며 민족정신을 강조했어요. 그리고 자신의 생각을 담아 많은 책을 펴내며 옛 역사를 통해 민족정신을 일깨우고, 일본의 만행을 널리 알렸지요.

민주: 박은식은 책을 통해 민족정신을 일깨우려고 했습니다.

지영: 박은식은 정신보다 나라의 형태가 더 중요하다고 했습니다.

재은: 박은식의 책에는 일본에 대한 이야기는 나와 있지 않습니다.

( )

로빈아! 이제 **구조도의 빈칸**만 채우면
박은식 이야기는 확실히 알고 넘어가는 거야! 할 수 있지?

4 다음 보기 중 구조도의 빈칸에 들어갈 알맞은 어휘를 고르세요.

요약
정리

보기   대통령   박은식   한국통사

┌───┐
│ ■■■ │
└───┘

역사 연구   **독립운동**

『□□□□』 저술   대한민국 임시 정부의
제2대 □□□

02 박은식 17

러시아 땅에서 독립운동을 이끌다
최재형

1860년	1911년	1920년
최재형 출생	권업회 조직	최재형 사망

어휘 미리보기

선 장

배에 탄 선원들을 감독하고, 배의 항해와 사무를 책임지는 사람.

성 실

정성스럽고 참됨.

끈 기

쉽게 포기하지 아니하고 끈질기게 견뎌 나가는 기운.

상 인

장사를 직업으로 하는 사람.

조 국

조상 때부터 대대로 살던 나라.

고 향

자기가 태어나서 자란 곳.

어휘 사용하기

온달아, 오늘 학교에서 지도자에 대해서 배웠는데, 너는 지도자란 무엇이라고 생각해?

음…….
난 지도자란 배를 이끄는 선장과 같다고 생각해.

맞아, 제대로 된 선장이 없으면 배가 가라앉는 것처럼 말이야.

그래서 지도자는 끈기가 있어야 하고 성실해야 돼.

그리고 무엇보다 조국을 위할 줄 알아야지!

최재형은 러시아에서 자랐지만 조국의 어려움을 외면하지 않았다고 해.
그가 **독립운동**에 어떤 역할을 했는지 알아보자.

러시아에서의 삶   조선에서 태어난 최재형은 왜 러시아에서 살았을까? 그건 당시 조선의 상황이 좋지 못했기 때문이야. 그의 어린 시절이던 1860년대 조선은 매우 혼란스러웠어. 지방의 관리들은 백성의 재산을 빼앗기 바빴지. 최재형의 가족은 이를 피해 연해주라는 러시아 땅으로 갔어. 하지만 가난이 해결되지는 않았지. 결국 최재형은 배고픔을 참지 못하고 집을 뛰쳐나왔어. 걷다 지친 어린 최재형은 지쳐서 쓰러지고 말았지.

"이 아이는 누구지? 배로 데려가야겠군."

최재형을 발견한 러시아인 선장은 최재형을 데려갔어. 최재형은 선장을 따라 세계 곳곳을 다니며 많은 경험을 했지. 시간이 흘러 그는 성실함과 끈기를 무기로 러시아 군대에 물건을 납품하는 상인으로 성장했어. 이후 최재형은 큰 부자가 되었지.

안중근 의거 지원   최재형은 자신이 태어난 조국을 잊지 않았어. 당시 대한 제국은 일본의 침략으로 나라를 거의 잃기 직전이었지. 최재형은 나라에 대한 걱정이 컸어.

"나라를 잃으면 우리 백성들이 나처럼 고향을 떠날 수밖에 없을 텐데……."

그러던 중 그는 당시 연해주에서 활동하던 안중근을 만났어. 안중근은 우리나라를 빼앗는 데 앞장서던 일본의 이토 히로부미를 죽이려고 했지. 그 소식을 들은 최재형은 안중근을 적극적으로 도왔어. 안중근이 이토 히로부미를 저격한 뒤 붙잡혀 사형을 당하자, 최재형은 남겨진 안중근의 가족들을 잘 보살펴 주었대.

연해주의 블라디보스토크에서 항일 독립운동 단체인 권업회가 창설되자, 최재형은 초대 회장을 맡았어. 권업회는 「권업신문」을 발간하여 연해주 지역의 한인들로 하여금 항일 정신을 높이는 데 큰 역할을 했지.

최재형은 러시아 지역에서 독립운동을 계속하다 일본군에 체포되어 총살되었어. 너무 안타까운 죽음이었단다.

러시아 땅에서 독립운동을 이끌다 **최재형**

로빈아! 설쌤과 함께 읽어본 최재형 이야기 재밌었지?
제대로 읽고 이해했는지 **문제**를 통해 같이 **확인**해 보자!

1
어휘력

다음 낱말에 알맞은 뜻풀이를 보기 에서 골라 기호를 쓰세요.

> **보기** ㉠ 조상 때부터 대대로 살던 나라.
> ㉡ 쉽게 포기하지 아니하고 끈질기게 견뎌 나가는 기운.
> ㉢ 배에 탄 선원들을 감독하고, 배의 항해와 사무를 책임지는 사람.

(1) 조국 (　　　)　　　(2) 선장 (　　　)　　　(3) 끈기 (　　　)

2
내용
이해

다음 이야기를 읽고 온달이와 평강이가 나눈 대화입니다. 알맞지 <u>않은</u> 것을 골라 기호를 쓰세요.

> 온달: ㉠ 최재형은 어린 시절 러시아로 건너갔대.
> 평강: 맞아, ㉡ 러시아로 간 최재형 가족은 어려움 없이 살았지.
> 온달: ㉢ 상인으로 성장한 최재형은 러시아에서 부자가 되었어.
> 평강: ㉣ 부자가 된 이후에도 조국을 잊지 않고, 독립운동을 도운 게 너무 대단해!

(　　　　　)

3
사고력

다음 글을 읽고 내용을 알맞게 말하지 <u>못한</u> 친구의 이름을 쓰세요.

> 　최재형은 독립운동에 큰 역할을 했어요. 의병을 조직하여 일본에 대항하고 독립운동에 필요한 돈을 지원했지요. 러시아에서 우리나라 아이들을 교육하는 데에도 힘썼어요.

> 건우: 최재형은 독립운동에 큰 역할을 했습니다.
> 현수: 최재형은 아이들을 교육하는 데에도 힘썼습니다.
> 지호: 최재형은 의병을 조직해서 러시아에 대항했습니다.

(　　　　　)

왈왈!

로빈아! 이제 **구조도의 빈칸**만 채우면
최재형 이야기는 확실히 알고 넘어가는 거야! 할 수 있지?

4 다음 **보기** 중 구조도의 빈칸에 들어갈 알맞은 어휘를 고르세요.

요약
정리

보기 　　　　안중근　　　　　　최재형　　　　　러시아

```
        ▢ ▢ ▢
          │
     조선에서 태어남.
        ┌─────┴─────┐
  ▢▢▢에서 성장        ▢▢▢ 의거 지원
  성실함과 끈기를        연해주에서 만나
  인정받고 부자가 됨.      적극 지원함.
```

04 단군신앙을 토대로 '대종교'를 창시하다
나철

설쌤 강의 보기

1905년	1909년	1916년
을사늑약 체결	대종교 창시	나철 사망

어휘 미리보기

강요
억지로 또는 강제로 요구함.

친일파
일제 강점기에, 일본의 편에 서서 그들에게 도움을 주는 행위를 한 무리.

처단
결심하여 특정 인물을 처치함.

주목
관심을 가지고 주의 깊게 살핌.

구원
어려움이나 위험에 빠진 사람을 구하여 줌.

바탕
물건이나 현상의 기본을 이루는 것.

어휘 사용하기

요즘 친일파 문제가 사회적으로 주목받고 있대.

친일파? 일본이 우리나라에 강요해 을사늑약을 맺을 때 앞장선 사람들이잖아.
광복 이후에 그들을 제대로 처단하지 못했대.

나라를 구원하기 위해 나선 사람들이 있는 반면, 친일파들은 자신들의 이익만을 위해 일본을 따랐잖아.

독립운동가들의 애국정신을 바탕으로 지켜낸 우리나라에서 친일파 문제는 꼭 해결돼야 해!

나철은 고조선의 단군을 믿는 **대종교**를 만든 사람이야.
일제 강점기에 대종교가 어떻게 민족에게 힘이 되었는지 알아보자.

을사늑약의 체결 일본은 러·일 전쟁에서 승리한 뒤, 본격적으로 대한 제국을 집어삼키려고 했어. 먼저 대한 제국이 다른 나라에 도움을 청하지 못하게 하기 위해 외교권을 빼앗으려고 했어. 일본은 대한 제국의 궁궐을 군대로 에워싸고 위협하며 고종 황제와 신하들에게 외교권을 넘길 것을 강요했지. 처음에 대부분의 신하들은 나라를 파는 짓을 할 수 없다며 거부했어. 그러자 일본은 총, 칼을 들고 신하들을 협박했지. 그리고 친일파 신하들을 동원해 강제로 우리나라의 외교권을 빼앗았어. 이렇게 을사늑약이 맺어졌지.

을사오적 제거 계획 을사늑약에 찬성한 다섯 사람(이완용·이근택·권중현·박제순·이지용)을 가리켜 '을사오적'이라고 해. 많은 사람들은 나라를 판 이들을 처단할 기회를 엿보고 있었어. 그중 나철이 나섰지. 나철은 '스스로 새로워지겠다.'라는 뜻이 담긴 '자신회'라는 단체를 만들어 을사오적을 처단할 젊은 사람들을 모았어.

"나라를 판 을사오적을 죽이지 않으면, 우리는 후손들에게 죄를 짓는 것입니다."

그러나 일본은 을사오적을 철통같이 지키고 있었어. 게다가 나철의 계획이 새어 나가면서 결국 을사오적을 제거하는 데 실패했지.

단군의 종교 기울어져 가는 대한 제국을 보며, 나철은 이렇게 생각했어.

"어차피 이 나라는 곧 망한다. 그러나 이 땅에 사는 우리 민족이 죽는 것은 아니니, 민족정신을 세워야 한다."

나철은 우리 민족 최초의 국가인 고조선을 세운 단군을 주목했어. 우리의 뿌리를 종교로 만든다면 어둠에 빠진 우리 민족을 구원할 수 있다고 믿었지. 그렇게 '대종교'가 만들어졌어. '대종교'의 원래 이름은 '단군교'였지. 단군을 뿌리로 한 대종교는 이후 독립 운동의 정신적인 바탕이 되었어.

로빈아! 설쌤과 함께 읽어본 나철 이야기 재밌었지?
제대로 읽고 이해했는지 **문제**를 통해 같이 **확인**해 보자!

왈왈!

① 다음 낱말과 뜻풀이가 바르게 짝 지어진 것은 O에 표시하고, 그렇지 <u>않은</u> 것은 X에 표시하세요.

어휘력

(1) 강요 – 관심을 가지고 주의 깊게 살핌.   (O / X)

(2) 구원 – 어려움이나 위험에 빠진 사람들을 구하여 줌.   (O / X)

(3) 처단 – 결심하여 특정 인물을 처치함.   (O / X)

② 이야기의 내용을 알맞게 말하지 <u>못한</u> 친구의 이름을 쓰세요.

내용
이해

> 미주: 나철은 을사오적을 처단하는 데 성공했습니다.
> 영우: 나철은 대종교를 만들어 민족정신을 세웠습니다.
> 은하: 일본은 친일파 신하들을 동원하여 을사늑약을 맺었습니다.

(   )

③ 다음 글을 읽고 알맞은 것을 에서 골라 기호를 쓰세요.

사고력

> 나철은 우리 민족의 정신을 하나로 모으기 위해 '대종교'를 만들었어요. 나철은 대종교를 퍼뜨리기 위해 전국을 돌아다녔지요. 또한 교육으로 민족정신을 일깨우기 위해 곳곳에 학교를 세웠어요. 일본은 대종교를 금지시키고 탄압했지만, 나철의 죽음 이후 대종교는 독립운동에도 큰 영향을 주었어요.

보기   ㉠ 일본은 대종교를 지지했습니다.
㉡ 나철이 죽자 대종교도 함께 사라졌습니다.
㉢ 나철은 전국을 돌아다니며 대종교를 알렸습니다.

(   )

로빈아! 이제 **구조도의 빈칸**만 채우면
나철 이야기는 확실히 알고 넘어가는 거야! 할 수 있지?

왈왈!

4 다음 **보기** 중 구조도의 빈칸에 들어갈 알맞은 어휘를 고르세요.

요약
정리

보기   나철   단군   자신회

▢▢

□□□ 조직

을사늑약 체결을
주도한 을사오적을
처단할 목적으로 결성함.

대종교 창시

□□을 믿는
종교를 만듦.

04 나철   **25**

05 나라의 근대적 개혁과 독립을 열망하다
서재필

1884년
갑신정변

1896년
「독립신문」 발행

1951년
서재필 사망

설쌤 강의 보기

어휘 미리보기

급 진
서둘러 급히 나아감.

개 화
새로운 사상이나 문물, 제도를 가지게 됨.

근 대 화
전통에서 벗어나 서양과 같이 근대적인 모습을 이루는 것.

사 업 가
사업을 계획하고 경영하는 사람.

의 대
의학을 가르쳐 의사를 양성하는 대학.

인 재
어떤 일을 할 수 있는 지식이나 능력을 갖춘 사람.

어휘 사용하기

평강아. 서재필 선생님이 누구야?

빠른 근대화를 위해 급진 개화파로 활동했던 독립운동가야.

한국 최초로 미국에서 의사가 된 인재였대.

와, 혹시 독립신문이랑 독립문을 세우는 데 앞장선 그 분?

ㅎㅎ 맞아.

서재필은 우리나라 최초의 민간 신문인 「독립신문」을 만든 사람이야.
「독립신문」은 당시 우리나라에 어떤 영향을 미쳤을까?

갑신정변 참여 급진 개화파 세력은 조선이 청의 간섭에서 벗어나 근대화를 빨리 이루어야 한다고 생각했어. 결국 이들은 정변을 일으켰는데, 갑신년에 일어났다고 해서 '갑신정변'이라고 불러. 서재필 역시 정변에 참여했어. 하지만 갑신정변은 청의 군대에 의해 3일 만에 실패로 끝나고 말았지. 이 때문에 급진 개화파와 서재필은 외국으로 피하게 되었어.

한국인 최초의 서양 의사 서재필은 일본을 거쳐 미국으로 떠났어. 가진 게 없던 서재필은 미국에서 힘들게 지냈지. 그러던 중 어떤 미국인 사업가의 도움으로, 미국의 고등학교에 입학할 수 있었어. 그리고 우수한 성적으로 고등학교를 졸업했지.

"이제 대학을 가고 싶은데 가진 돈이 없구나. 낮에는 일하고, 밤에 공부할 수밖에 없겠군."

서재필은 낮에는 일을 해서 돈을 벌었어. 그리고 의대에 들어갔지. 포기하지 않고 노력한 끝에 서재필은 29살에 의사가 되었어. 한국인 최초의 서양 의사가 탄생한 거야.

「독립신문」 조선의 제도를 근대적으로 바꾸는 갑오개혁이 시작되면서 인재가 필요했던 조선 정부는 미국에 있는 서재필한테 돌아와 달라고 요청했지.

"조선으로 돌아가면 조선의 근대화에 도움이 되어야겠어! 백성들에게 서양의 새로운 지식을 알려야겠다."

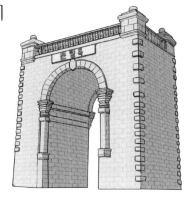

11년 만에 조선으로 돌아오게 된 서재필은 제일 먼저 「독립신문」을 만들어 많은 사람들이 볼 수 있게끔 했어. 「독립신문」은 외국인들에게 조선의 상황을 알리기 위해 한글뿐만 아니라 영어로도 쓰여졌지. 이후 서재필은 『독립신문』을 바탕으로 '독립협회'라는 애국 단체를 만들어 활동했어.

로빈아! 설쌤과 함께 읽어본 서재필 이야기 재밌었지?
제대로 읽고 이해했는지 **문제**를 통해 같이 **확인**해 보자!

왈왈!

1 다음 빈칸에 알맞은 낱말을 보기 에서 골라 쓰세요.

어휘력

> 보기   개화   의대   인재

(1) 의사가 되고 싶었던 서재필은 ☐☐에 들어가 공부를 했습니다.

(2) 조선 정부는 갑오개혁에 도움을 줄 훌륭한 ☐☐를 필요로 했습니다.

(3) 급진 ☐☐파 세력은 조선이 하루빨리 근대화를 이루어야 한다고 생각했습니다.

2 이야기의 내용과 일치하는 것은 O에 표시하고, 그렇지 <u>않은</u> 것은 X에 표시하세요.

내용
이해

(1) 서재필이 참여한 갑신정변은 성공하였습니다.   (O / X)

(2) 서재필은 미국에서 의학 공부를 하여 의사가 되었습니다.   (O / X)

(3) 서재필은 『독립신문』을 만들었습니다.   (O / X)

3 다음 글을 읽고 「독립신문」에 대한 설명으로 알맞지 <u>않은</u> 것을 고르세요.   (   )

사고력

> 서재필은 조선 정부의 도움을 받아 「독립신문」을 펴냈어요. 「독립신문」은 우리나라 최초의 민간 신문으로, 사람들에게 독립 의식과 애국심을 가지게 하려고 했어요. 또한 한글을 알리기 위해 대부분이 한글로 쓰여 있었지요. 이후 정부의 탄압을 받아 「독립신문」은 사라졌지만, 많은 사람들의 민족의식을 높여 주었어요.

① 서재필이 만든 신문입니다.

② 우리나라 최초의 민간 신문입니다.

③ 정부의 탄압을 받아 사라졌습니다.

④ 대부분이 일본어로 쓰인 신문입니다.

⑤ 많은 사람들에게 독립 의식과 애국심을 심어 주려 했습니다.

로빈아! 이제 **구조도의 빈칸**만 채우면
서재필 이야기는 확실히 알고 넘어가는 거야! 할 수 있지?

왈왈!

4 다음 보기 중 구조도의 빈칸에 들어갈 알맞은 어휘를 고르세요.

요약
정리

보기   서재필   독립신문   갑신정변

조선   ⬛⬛⬛   미국

⬜⬜⬜⬜   ➡️   의대에 들어감

⬇️ 실패   의사가 됨.

「⬜⬜⬜⬜」
창간

⬇️

독립협회 조직

문립독

문신님독

문신님독   문신님독

" 역사의 소용돌이 속에서 한국사 연구에 앞장선 두 인물 "

박은식은 나라를 잃은 어두운 시기에
우리 민족의 정신과 문화를 지키기 위해
역사 연구에 전념한 사람이야. 특히 그가 쓴
역사책인 『한국통사』에 이러한 부분이 잘 드러나 있어.
『한국통사』는 1864년 고종 즉위부터 1911년
105인 사건까지 47년의 역사를 다루었어.
우리 민족의 아픈 부분을 다루면서 반성하고
독립을 위해 노력해야 한다고 말했지.

박은식

출생	1859년
사망	1925년
한 줄 요약	민족 정신을 지키기 위한 연구
연관 키워드	『한국통사』 언론인 애국 계몽 운동가 임시 정부의 대통령

박은식 과 백남운

일본이 자신들의 통치를 정당화하기 위해 우리 역사가 멈춰 있다는 정체성론이나, 타국의 힘에 의해 좌우되었다는 타율성론 등 식민 사관을 내세우자 백남운이 나섰어. 그는 식민 사관이나 민족 중심의 사관이 아닌 사회 경제사를 중심으로 역사를 바라보았대. 그래서 백남운에 의해 우리 역사는 원시 공산 사회, 고대와 중세 봉건 사회, 근대 자본주의 사회로 설명됐지.

백남운

출생	1894년
사망	1979년
한 줄 요약	우리 역사를 사회 경제사로 바라본 새로운 연구
연관 키워드	식민 사관 반박 사회 경제 사학자 북한의 정치가

2주

주제

1일

이회영
일가족 모두가
독립운동에
헌신하다

학습
계획

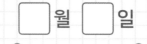
□ 월 □ 일

학습
확인

☆ ☆ ☆

2일

홍범도
호랑이 사냥꾼
에서 독립군
대장으로!

□ 월 □ 일

☆ ☆ ☆

이번 주에 만날 인물 5명의 특징을
제목으로 먼저 살펴보자.

3 일

헐버트
대한의 독립을
위해 노력한
미국인

☐ 월 ☐ 일

4 일

김구
내 소원은
대한의 완전한
자주독립이오!

☐ 월 ☐ 일

5 일

주시경
우리 말과
글을 지켜야
한다!

☐ 월 ☐ 일

06

일가족 모두가 독립운동에 헌신한
이회영

1910년	1911년	1932년
이회영과 형제들 만주로 이주	신흥 강습소 설립	이회영 사망

어휘 미리보기

대 대 로
여러 대를 이어서 계속 내려옴.

실 천
생각한 바를 실제 행동으로 옮김.

노 비
옛날에, 남의 집에서 천한 일을 하는 신분에 속한 사람.

재 산
개인이 가지고 있는 돈이나 물건 등을 통틀어 이르는 말.

식 민 지
힘이 센 다른 나라에게 정치적, 경제적으로 지배를 받는 나라.

항 일
일본 제국주의의 침략과 통치에 맞서 싸움.

이회영과 그 가족들은 나라를 빼앗기자 집안의 전 재산을 독립운동에 바쳤대. 이회영과 가족들이 독립을 위해 어떻게 했는지 같이 알아보자!

이름난 집안 이회영의 집안은 조상 대대로 높은 관리를 지낸 이름난 집안이었어. 이회영의 동생 이시영이 과거 시험에 붙었을 때, 이회영은 이렇게 말했어.

"시영아 축하한다. 나라를 위해 훌륭한 관리가 되어야 한다."

"네, 형님. 제가 먼저 관직에 나가게 되어서 죄송합니다."

"아니다. 나는 과거 시험보다는 우리나라에 들어온 서양의 학문을 공부할 거야."

이회영은 성리학보다 서양의 학문이 더 중요하다고 생각했지.

시대를 앞서간 집안 근대 학문을 공부한 이회영은 자신이 배운 것을 직접 실천했어. 먼저, 그는 노비들에게 존댓말을 하며 그들을 존중했지.

"오늘도 고생이 많으십니다. 계속 일만 하지 말고 쉬면서 하십시오."

이후 아버지가 돌아가시자, 이회영은 노비들에게 돈을 주며 풀어 주었어.

"이제 여러분들은 노비가 아닙니다. 이제 자유롭게 떠나셔도 좋습니다."

그때 당시 노비들은 집안의 재산이나 다름없는 취급을 받고 있었기 때문에 이회영의 행동은 충격적이었지. 하지만 다른 형제들 역시 이회영의 뜻을 따랐어.

독립운동에 앞장선 집안 결국 대한 제국은 일본의 식민지가 되고 말았어. 이 소식을 들은 이회영과 그 형제들은 슬퍼했지만, 주저앉지 않고 독립운동에 나서기로 했지.

"우리가 지금까지 잘 살아온 것은 나라가 있어서인데, 이제 그것이 없어졌으니 되찾아야 하지 않겠습니까? 남은 재산을 모두 팔아 만주로 갑시다!"

만주에 도착한 이회영 형제는 다른 독립운동가들과 만나 항일 단체(경학사·신흥 강습소)를 만들고, 독립군을 길러 내는 데 앞장섰지. 이렇게 만들어진 독립군들은 자신의 목숨을 아끼지 않으며 독립운동을 펼쳐 나갔어.

로빈아! 설쌤과 함께 읽어본 이회영 이야기 재밌었지?
제대로 읽고 이해했는지 **문제**를 통해 같이 **확인**해 보자!

왈왈!

1
어휘력

다음 낱말과 뜻풀이를 알맞게 선으로 이으세요.

(1) 실천 •

(2) 항일 •

(3) 식민지 •

• ㉠ 생각한 바를 실제 행동으로 옮김.

• ㉡ 힘이 센 다른 나라에게 정치적, 경제적으로 지배를 받는 나라.

• ㉢ 일본 제국주의의 침략과 통치에 맞서 싸움.

2
내용
이해

이야기의 내용을 알맞게 말하지 못한 친구의 이름을 쓰세요.

주아: 이회영은 성리학이 가장 중요하다고 생각했습니다.

지민: 이회영과 형제들은 독립군을 길러 내는 데 앞장섰습니다.

소라: 이회영과 형제들은 만주로 가서 항일 단체를 만들었습니다.

(   )

3
사고력

다음 글을 읽고 빈칸에 들어갈 알맞은 낱말을 쓰세요.

이회영은 형제들과 함께 전 재산을 팔아 독립운동에 힘썼어요. 만주에 독립군을 길러 내는 교육 시설인 '신흥 강습소'를 세웠지요. 신흥 강습소는 청년들이 몰려들면서 신흥 무관 학교로 발전했어요. 이 신흥 무관 학교는 김좌진, 홍범도 등의 독립군을 길러 냈지요. 신흥 무관 학교 출신의 독립군들은 많은 전투를 승리로 이끌었어요.

→ 이회영과 형제들은 조선의 ☐☐을/를 위해 전 재산을 바쳐 학교를 세웠습니다.

왈왈!

로빈아! 이제 **구조도의 빈칸**만 채우면
이회영 이야기는 확실히 알고 넘어가는 거야! 할 수 있지?

4 다음 보기 중 구조도의 빈칸에 들어갈 알맞은 어휘를 고르세요.

요약
정리

보기　　　　　　신흥　　　　만주　　　　노비

6형제 일가족 모두
□□(으)로 떠남.

| 이회영 6형제 | → | 독립운동에 헌신 |

・남다른 집안
・조상 대대로 높은 관리를 지냄.
・□□들에게 존댓말을 사용함.

・경학사 설립
・□□ 강습소를 설립

07

호랑이 사냥꾼에서 독립군 대장으로!
홍범도

1907년
정미의병

1920년
봉오동 전투

1937년
조선인 중앙아시아
강제 이주

어휘 미리보기

포수

총으로 동물을 잡는 사냥꾼.

고전

전쟁에서 몹시 힘들고 어렵게 싸움.

간도

두만강과 압록강 너머의 중국 동북 지방 일부를 가리키는 말.

소련

유럽 동부와 아시아 북부에 있었던 세계 최초의 사회주의 국가.

갈등

서로 생각이 달라 부딪치는 것.

이주

원래 살던 지역에서 다른 지역으로 옮김.

어휘 사용하기

평강아! 김좌진 장군 말고 홍범도 장군 알아?

당연하지. 원래는 **포수**였는데 독립운동가로 활동한 분이야.

맞아! **간도**에서 일본군을 많이 물리치셨대.

나중엔 **소련**과 **갈등**을 빚다가 중앙아시아로 강제 **이주**를 당하는 바람에 힘든 삶을 살았다고 해.

독립을 위해 정말 많은 고생을 하셨구나.

홍범도는 대한 제국 시기에 일본에 맞선 **의병**이었어.
나라를 빼앗긴 홍범도는 어떤 노력을 했을까?

포수가 된 군인 가난한 집안에서 태어난 홍범도는 배고픔 때문에 군대에 들어갔어. 하지만 당시에 군대는 대우가 좋지 못했어. 결국 홍범도는 군대를 나왔어. 그리고 먹고 살기 위해 사냥꾼 즉, 포수가 되었지.

의병 활동 일본이 대한 제국의 고종 황제를 물러나게 하자, 전국 각지에서 의병이 일어났어. 그러자 일본은 백성들이 개인적으로 가지고 있던 총을 거두어들였지. 포수였던 홍범도는 절대 자신의 총을 빼앗길 수 없다고 생각했어.

"내 목숨 같은 총을 절대로 일본에 내줄 수 없다!"

홍범도는 동료들과 함께 일본에 저항하며 의병 활동을 시작했어. 홍범도가 총을 잘 쏘는 포수 출신이다 보니, 일본군은 홍범도와의 싸움에서 고전을 면치 못했지.

대한 독립군 사령관 그러나 나라가 망하자 홍범도는 더 이상 국내에서 버틸 수 없었어. 그래서 국경을 넘고 연해주를 거쳐 우리나라 사람들이 많이 살던 간도로 들어갔지. 그리고 3·1 운동을 계기로 독립운동에 참여하는 사람들이 늘자, 홍범도는 그들을 모아 '대한 독립군'이라는 부대를 만들었어.

"일본군이 봉오동으로 몰려오고 있다! 독립군의 힘을 보여 주자!"

홍범도의 대한 독립군을 비롯한 독립군 부대는 봉오동에서 일본군을 크게 물리쳤지.

중앙아시아 강제 이주 봉오동 전투 이후, 홍범도는 계속되는 일본군의 공격을 피해 연해주에 들어가서 독립운동을 이어 갔어. 하지만 당시 연해주를 다스리던 소련은 독립군들 때문에 일본과의 외교적 갈등이 생길까 봐 걱정스러웠지. 결국 소련은 홍범도를 포함한 조선인들을 중앙아시아로 강제로 이주시켰어. 😊

로빈아! 설쌤과 함께 읽어본 홍범도 이야기 재밌었지?
제대로 읽고 이해했는지 **문제**를 통해 같이 **확인**해 보자!

왈왈!

1

어휘력

다음 뜻풀이에 알맞은 낱말을 **보기** 에서 골라 쓰세요.

보기	고전	포수	갈등

(1) 총으로 동물을 잡는 사냥꾼.　　　　　　　　　　　　(　　　　)

(2) 서로 생각이 달라 부딪치는 것.　　　　　　　　　　　(　　　　)

(3) 전쟁에서 몹시 힘들고 어렵게 싸움.　　　　　　　　　(　　　　)

2

내용
이해

이야기의 내용으로 알맞은 것을 **보기** 에서 골라 기호를 쓰세요.

보기
　㉠ 소련은 연해주로 들어온 독립군들을 지원하였습니다.
　㉡ 홍범도는 연해주로 넘어가 독립운동을 계속 이어 나갔습니다.
　㉢ 일본이 백성들의 총을 거두어들이자, 홍범도는 자신의 총을 일본에 내주었습니다.

(　　　　)

3

사고력

다음 글을 읽고 일이 일어난 순서대로 **보기** 의 기호를 쓰세요.

　국내에서 의병 활동이 어려워지자, 홍범도는 러시아의 연해주로 갔어요. 홍범도
가 이끄는 독립군은 봉오동에서 첫 승리를 거두었어요. 이후에는 김좌진과 함께 청
산리에서도 일본을 상대로 크게 승리했지요.

보기
　㉠ 국내에서 의병 활동이 어려워졌습니다.
　㉡ 홍범도는 봉오동 전투에서 승리했습니다.
　㉢ 홍범도는 러시아의 연해주로 건너갔습니다.
　㉣ 홍범도는 김좌진과 함께 청산리에서 크게 승리했습니다.

(　　　) – (　　　) – (　　　) – (　　　)

 로빈아! 이제 **구조도의 빈칸**만 채우면
홍범도 이야기는 확실히 알고 넘어가는 거야! 할 수 있지?

왈왈!

4 다음 보기 중 구조도의 빈칸에 들어갈 알맞은 어휘를 고르세요.

요약
정리

보기　　　　봉오동　　　　홍범도　　　　아시아

□□□ → 포수　호랑이를 잡는 포수가 됨.　→　독립군　대한 독립군의 사령관이 되어 □□□ 전투에서 승리함.　→　강제 이주　소련에 의해 중앙□□□로 강제 이주를 당함.

08 대한의 독립을 위해 노력한 미국인 헐버트

1886년
헐버트 조선 도착

1889년
우리나라 최초의 한글 교과서
『사민필지』 제작

1907년
헤이그 특사 파견

어휘 미리보기

서툴다
일에 익숙하지 못하여 잘 다루지 못하다.

표현
생각이나 느낌을 말이나 몸짓 따위로 드러내어 나타냄.

도입
지식, 기술, 물자 등을 들여옴.

외교권
한 나라가 독자적으로 다른 나라와 관계를 맺을 수 있는 권리.

대표
어떤 조직이나 집단의 권리를 행사하거나 책임을 맡고 있는 사람.

특사
특별한 임무를 받아 외국으로 보내지는 사람.

어휘 사용하기

온달아! 일제 강점기에 우리나라에서 처음으로 국제 회의에 특사를 보낸 적이 있는데, 들어 봤니?

아니, 처음 들어 봤어! 어떤 회의야?

그 시대에 우리나라의 대표가 국제 회의에 참석했다고?

응. 바로 네덜란드 헤이그에서 열린 만국 평화 회의야. 특사들은 우리나라가 위기에 처했음을 적극적으로 표현하려고 했어.

정말 대단하다!
이후에 어떻게 되었을지 궁금해.

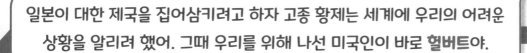
일본이 대한 제국을 집어삼키려고 하자 고종 황제는 세계에 우리의 어려운 상황을 알리려 했어. 그때 우리를 위해 나선 미국인이 바로 **헐버트**야.

교사 생활 이제 막 나라의 문을 연 조선은 근대식 교육을 가르쳐 줄 교사를 보내 달라고 미국에 요청했대. 이때 조선에 온 교사가 바로 헐버트야. 헐버트는 처음 가 보는 조선을 두려워하기는커녕 오히려 기대했어.

"조선은 어떤 곳일까? 중국이나 일본에 대한 이야기는 들었지만 조선은 처음이야."

헐버트는 '육영 공원'이라는 근대식 학교의 교사가 되었어. 그는 학생들에게 서툰 우리말을 하면서 친근하게 다가갔고, 학생들도 그를 무척 좋아했지.

한글 사랑 헐버트는 우리말을 열심히 공부했어. 심지어 우리말을 가르쳐 줄 조선인 선생을 구하기까지 했지. 한글을 공부하던 헐버트는 한글에 대해 무언가 깨달았어.

"한글은 쓰기와 말하기 모두 세계 어느 언어보다도 쉽다. 그리고 한글은 자신의 뜻을 표현하고 전달하는 데 있어 매우 우수한 글자이다."

헐버트는 직접 한글을 연구해 '띄어쓰기'를 도입했을 정도로 한글을 사랑했어.

헤이그 특사 파견 지원 러·일 전쟁 이후, 일본은 대한 제국을 보호해 준다는 핑계로 외교권을 빼앗아 가 버렸어. 고종 황제는 세계에 우리의 어려운 상황을 알리기 위해 고민했지. 그러던 중 헤이그라는 곳에서 세계의 대표들이 모여 회의를 한다는 것을 알게 되었어. 고종 황제는 비밀리에 헤이그에 특사를 보냈지.

하지만 다른 나라의 대표들은 외교권이 없다는 이유로 우리 특사들을 만나 주지 않았어. 이를 본 헐버트는 매우 안타까운 마음이 들었지. 헐버트는 세계의 신문 기자들이 모이는 회의에서 우리 특사들이 준비한 이야기들을 할 수 있도록 도와주었어. 우리 특사들과 헐버트의 노력으로 일본의 만행을 세계에 널리 알릴 수 있었지. 🐵

로빈아! 설쌤과 함께 읽어본 헐버트 이야기 재밌었지?
제대로 읽고 이해했는지 **문제**를 통해 같이 **확인**해 보자!

왈왈!

1 다음 낱말에 알맞은 뜻풀이를 **보기**에서 골라 쓰세요.

어휘력

> **보기** ㉠ 지식, 기술, 물자 등을 들여옴.
> ㉡ 특별한 임무를 받아 외국으로 보내지는 사람.
> ㉢ 한 나라가 독자적으로 다른 나라와 관계를 맺을 수 있는 권리.

(1) 특사 (   )   (2) 도입 (   )   (3) 외교권 (   )

2 다음 중 헐버트에 대한 설명으로 알맞지 <u>않은</u> 것은 무엇인가요? (   )

내용
이해

① 미국에서 온 교사입니다.
② 한글 연구에 힘썼습니다.
③ 헤이그 특사들을 도왔습니다.
④ '육영 공원'의 교사로 일했습니다.
⑤ 한글의 띄어쓰기를 반대했습니다.

3 다음 글을 읽고 빈칸에 들어갈 알맞은 낱말을 쓰세요.

사고력

> 헐버트는 조선에 큰 애정을 가지고 있었어요. 을사늑약으로 조선이 외교권을 빼앗겼을 때, 잡지를 만들어 일본의 만행을 폭로했지요. 그리고 고종에게 헤이그에 특사를 보낼 것을 건의했고, 헤이그 특사들을 도왔어요. 한국이 일본의 침략에서 벗어날 수 있도록 노력했답니다.

→ 조선이 [ ][ ][ ]을/를 빼앗기자, 헐버트는 일본의 만행을 폭로하고 헤이그 특사를 건의하는 등 조선의 독립을 위해 많은 노력을 했습니다.

왈왈!

로빈아! 이제 **구조도의 빈칸**만 채우면
헐버트 이야기는 확실히 알고 넘어가는 거야! 할 수 있지?

4

요약
정리

다음 보기 중 구조도의 빈칸에 들어갈 알맞은 어휘를 고르세요.

보기   헤이그   헐버트   육영 공원

교사 생활	**한글 사랑**	□□□ **특사 파견 지원**
근대식 학교 □□□□의 교사로 활동함.	한글에 띄어쓰기를 도입함.	

09

내 소원은 대한의 완전한 자주독립이오!
김구

1940년
한국광복군 창설

1948년
남북 협상

1949년
김구 사망

설쌤 강의 보기

어휘 미리보기

서 러 움
서럽게 느껴지는 마음.

문 지 기
드나드는 문을 지키는 사람.

연 합 군
전쟁에서 둘 이상의 나라가 연합하여 이룬 군대.

광 복
빼앗긴 나라의 주권을 되찾음.

분 단
본래 하나였던 것이 둘 이상으로 나누어짐.

한 숨
걱정이 있을 때나 긴장했다가 마음을 놓을 때 길게 몰아서 내쉬는 숨.

어휘 사용하기

평강아, 우리나라가 왜 분단됐는지 아니?

광복 이후에 미국과 소련 등 연합군이 남북에 들어와서 그래.

생각하면 정말 한숨만 나와.

일본한테 오랫동안 고통받았는데, 분단까지 되다니……

다들 힘없는 민족의 서러움을 느꼈을 거야.

김구는 독립에 목숨을 바치고, 광복 이후에 한반도가 분단되자 통일을 누구보다 바랐던 사람이야.

동학의 지도자 조선의 마지막 과거 시험에서 떨어진 김구는 우연히 동학을 믿는 사람을 만났어.

"우리 동학에서는 사람의 높고 낮음이 없고 모두가 평등하오!"

이 말을 들은 김구는 동학에 관심을 가지게 되었지. 그리고는 동학에 들어가 자신의 고향인 해주의 동학군 지도자가 되었어. 하지만 동학 농민 운동 이후, 일본군이 조선 땅에 들어와 백성을 죽이는 것을 보며 김구는 힘없는 나라의 서러움을 느꼈지.

독립운동 3·1 운동이 일어나자, 이를 계기로 중국에 대한민국 임시 정부가 만들어졌어. 이 소식을 들은 김구는 임시 정부로 찾아가 이렇게 말했어.

"저도 임시 정부에 들어가고 싶습니다. 한낱 문지기도 좋으니 거두어 주십시오."

그리고 일본이 중국에 쳐들어왔을 때에도 김구는 절대 포기하지 않고 한국광복군을 만들어 연합군을 도와 일본에 맞서 싸웠지.

분단을 막기 위한 운동 일본이 세계를 상대로 벌인 전쟁에서 패하자, 우리는 드디어 광복을 맞이했어. 그러나 광복의 기쁨이 채 가시기도 전에 38도선을 기준으로 북쪽에는 소련군이, 남쪽에는 미군이 주둔하게 됨으로써 분단의 그림자가 드리우기 시작했지. 남북에서는 각자의 정부를 만들려고 해 갈등은 더욱 깊어졌어. 이때 김구가 한숨을 쉬며 말했어.

"갈라진 정부를 세우는 것을 돕지 않을 것입니다."

⇧ 남북 협상에 나선 김구

이후 김구는 평양에 가서 협상을 하려 했지만 끝내 남북 통일 정부를 세우는 데에는 실패했어.

왈왈!

로빈아! 설쌤과 함께 읽어본 김구 이야기 재밌었지?
제대로 읽고 이해했는지 **문제**를 통해 같이 **확인**해 보자!

①

어휘력

다음 낱말과 뜻풀이가 바르게 짝 지어진 것은 O에 표시하고, 그렇지 **않은** 것은 X에 표시하세요.

(1) 서러움 – 서럽게 느껴지는 마음.   (O / X)

(2) 분단 – 빼앗긴 나라의 주권을 되찾음.   (O / X)

(3) 연합군 – 드나드는 문을 지키는 사람.   (O / X)

②

내용
이해

김구에 대한 설명으로 알맞지 **않은** 것을 에서 골라 기호를 쓰세요.

> **보기** ㉠ 김구는 남한만의 정부를 세우기를 원했습니다.
> ㉡ 김구는 한국광복군을 만들어 연합군을 도왔습니다.
> ㉢ 김구는 자신의 고향에서 동학군 지도자 역할을 했습니다.

(   )

③

사고력

다음 글을 읽고 김구가 한 일로 알맞지 **않은** 것을 고르세요.   (   )

> 김구는 임시 정부의 우두머리인 주석으로서 임시 정부를 이끌었어요. 이후 한인 애국단을 만들어 독립운동에 앞장서고 한국광복군을 만들어 일본군에 맞서 싸웠지요. 또한 광복 후 이승만이 남한만의 정부를 세우려 하자, 이에 반대했어요. 그리고 평양으로 가서 북한과 협상을 벌였지요. 하지만 김구의 많은 노력에도 불구하고 남북에는 각각의 정부가 만들어졌어요.

① 한인 애국단을 만들었습니다.

② 한국광복군을 만들었습니다.

③ 임시 정부의 주석으로 일했습니다.

④ 남한만의 단독 정부를 만들었습니다.

⑤ 남북 정부 수립 문제로 평양에 가서 협상했습니다.

왈왈!

로빈아! 이제 **구조도의 빈칸**만 채우면
김구 이야기는 확실히 알고 넘어가는 거야! 할 수 있지?

4

요약
정리

다음 **보기** 중 구조도의 빈칸에 들어갈 알맞은 어휘를 고르세요.

보기   김구   동학   협상

□□

┌──────────────────┬──────────────────┬──────────────────────┐
│ □□의 지도자   │ 독립운동   │ 분단을 막기 위한 노력   │
└──────────────────┴──────────────────┴──────────────────────┘

해주에서 동학군의   대한민국 임시 정부에서   북한의 지도자들과
지도자로 활동함.   활동함.   남북 □□을/를 함.

10 우리 말과 글을 지켜야 한다!
주시경

1876년
주시경 출생

1910년
『국어문법』 간행

1914년
주시경 사망

어휘 미리보기

양 반
고려·조선 시대에 지배층을 이루던 신분.

한 자
중국에서 만들어 오늘날에도 쓰고 있는 중국 고유의 문자.

의 문
의심스럽게 생각함. 또는 의심스러운 문제나 사실.

설 명
어떤 일이나 대상을 상대방이 잘 알 수 있도록 밝혀 말함.

민 족 의 식
자기 민족에 대한 소속감과 중요성을 깨닫고 민족의 단결과 발전을 이루려는 의지나 감정.

보 따 리
보자기에 물건을 싸서 꾸린 뭉치.

어휘 사용하기

평강아! 들었지?
이제 학교 수업 시간에 한자 과목이 생긴대. ㅠㅠ

선생님 설명을 못 알아들으면 어쩌지?

에이, 잘할 수 있을 거야.
한자는 옛날 옛적에 양반이 주로 썼던 글자인 건 알고 있지?

그럼. 그래서 세종 대왕님이 백성들을 위해 한글을 만든 거잖아.

오, 대단한데?
그럼 한글과 관련된 이야기 보따리를 더 풀어 볼까?

외국의 침략으로 나라가 혼란할 무렵 **주시경**은 **한글을 지키고,**
많은 사람들에게 **한글의 중요성**을 알리고자 평생을 노력했어.

한자 공부에 대한 의문 주시경은 어릴 때 서당에서 양반집 아이들과 같이 공부를 했어. 한자를 배우던 주시경은 의문이 들었어.

"한글은 소리가 나는 대로 쓸 수 있는데, 왜 한자는 뜻이 모두 다른 거지? 그리고 한자는 왜 이렇게 글자 수가 많은 거야? 이걸 다 외울 수 있는 건가?"

한자의 뜻을 우리말로 설명해 주어야 비로소 사람들이 한자를 이해하는 것을 보고 한글이 중요하다고 생각하게 되었지.

한글의 중요성 주시경은 미국인이 세운 근대식 학교인 '배재 학당'에 입학했어. 그곳에서 주시경은 영어를 가르치기 위해 들어온 헐버트를 만났지. 주시경은 헐버트에게 놀라운 말을 들었어.

"세계 여러 나라에는 자신들만의 말과 글이 있습니다."

이 말을 들은 주시경은 우리 민족에게 꼭 필요한 한글을 사람들이 무시한다는 사실이 너무나 안타까웠어. 결국 그는 직접 사람들에게 한글을 가르쳐 주기로 결심했지.

'주보따리' 선생 주시경은 이곳저곳을 다니며 한글 수업을 하며, 사람들에게 민족의식을 일깨워 주었어. 항상 보따리에 책을 한가득 넣어서 다녔는데, 이 때문에 사람들은 그를 '주보따리' 선생이라고 불렀대.

주시경은 사람들을 가리지 않고 한글을 가르쳐 주었지.

"한글을 배우고자 하는 사람은 남자, 여자, 젊은이, 늙은이 할 것 없이 모두들 오시오! 돈은 받지 않겠소!"

주시경의 말에 많은 사람들이 모여들었어. 주시경은 많은 사람들에게 한글을 가르치며 한글의 중요성을 알렸지.

로빈아! 설쌤과 함께 읽어본 주시경 이야기 재밌었지?
제대로 읽고 이해했는지 **문제를 통해 같이 확인**해 보자!

 왈왈!

1 **다음 뜻풀이에 알맞은 낱말을 보기에서 골라 쓰세요.**
어휘력

> **보기**　　　　한자　　　　　의문　　　　　설명

(1) 의심스럽게 생각함. 또는 의심스러운 문제나 사실.　　　　(　　　　)

(2) 중국에서 만들어 오늘날에도 쓰고 있는 중국 고유의 문자.　　(　　　　)

(3) 어떤 일이나 대상을 상대방이 잘 알 수 있도록 밝혀 말함.　　(　　　　)

2 **다음은 이야기에 대한 온달이와 평강이의 대화입니다. 알맞지 않은 것의 기호를 쓰세요.**
내용
이해

> 평강: ㉠ 주시경은 한글이 정말 중요하다고 생각했어.
>
> 온달: 맞아, ㉡ 그래서 사람들에게 한글을 가르쳐 주려고 했지.
>
> 평강: ㉢ 주시경은 이곳저곳 돌아다니면서 많은 사람들에게 한글을 가르쳐 주었대.
>
> 온달: ㉣ 하지만 양반들에게만 한글을 가르쳐 주었다던데…….

(　　　　　　　)

3 **다음 글을 읽고 빈칸에 들어갈 알맞은 낱말을 쓰세요.**
사고력

> 　주시경은 훌륭한 우리말이 대우받지 못하는 것이 안타까웠어요. 그래서 우리말과 글을 연구하며, 한글의 중요성을 널리 알리려고 했어요. 우리말을 '한글'이라고 이름 붙인 것도 주시경이지요. 주시경은 우리말과 관련된 여러 책을 펴내고 많은 사람들에게 글을 가르쳤어요.

→ 주시경은 우리말과 글의 이름을 □□(이)라고 지었습니다.

왈왈!

로빈아! 이제 **구조도의 빈칸**만 채우면
주시경 이야기는 확실히 알고 넘어가는 거야! 할 수 있지?

 4 다음 **보기** 중 구조도의 빈칸에 들어갈 알맞은 어휘를 고르세요.

요약
정리

| **보기** | 배재 학당 | 주시경 | 주보따리 |

```
      ■■■
       │
  한글의 중요성을 깨달음.
       ↓
  □□ □□에 입학
  헐버트와의 만남 후 한글 교육에 나섬.
       ↓
  □□□□ 선생님으로 불림.
```

" 대한민국 임시 정부는
어떻게 나아갈 것인가 "

대한민국 임시 정부가 침체기에 빠지자
국민 대표 회의가 열렸어. 이때 안창호는
개조파를 이끌었는데, 임시 정부를 없애지 말고
계속 유지할 것을 주장했대. 다만 그는 임시 정부가
그동안 독립운동에 있어 큰 활동을 보여 주지 못했고,
침체에 빠진 것을 인정하여 임시 정부를 더 나은
방향으로 개조하자고 한 거야.

안창호(개조파)

출생	1878년
사망	1938년
한 줄 요약	임시 정부를 그냥 고쳐서 쓰자
연관 키워드	개조파는 민족주의자가 다수 임시 정부 인정 흥사단

안창호 와 신채호

그에 비해 신채호는 창조파를 이끌던 사람으로서, 침체에 빠진 대한민국 임시 정부가 독립운동의 구심점을 잃었으므로 아예 없애 버리자고 했대. 또한 신채호는 대한민국 임시 정부를 대체할 수 있는 새로운 독립운동 단체를 만들어 적극적인 무장 투쟁으로 나아갈 것을 주장했어.

신채호 (창조파)

출생	1880년
사망	1936년
한 줄 요약	이제는 새로운 단체를 만들자
연관 키워드	창조파는 사회주의자가 다수 임시 정부 불신 무정부주의

3주

주제

1일
안창호
교육을 통해 민족의 힘을 기르자!

학습 계획 ☐월 ☐일

학습 확인 ☆☆☆

2일
한용운
3·1운동을 이끌고 불교 개혁을 외치다

학습 계획 ☐월 ☐일

학습 확인 ☆☆☆

이번 주에 만날 인물 5명의 특징을
제목으로 먼저 살펴보자.

3일

신채호
민족의 역사를
일깨우다

☐ 월 ☐ 일

☆ ☆ ☆

4일

안중근
이토 히로부미
를 저격하다

☐ 월 ☐ 일

☆ ☆ ☆

5일

김좌진
청산리에서
일본군에 맞서
대승을 거두다

☐ 월 ☐ 일

☆ ☆ ☆

11

교육을 통해 민족의 힘을 기르자!
안창호

1907년	1908년	1913년
신민회 창립	대성학교 설립	흥사단 창립

어휘 미리보기

감 동
크게 느끼어 마음이 움직임.

희 망
어떤 일을 이룰 수 있기를 바람.

존 재
현실에 실제로 있는 것.

연 설
여러 사람 앞에서 자신의 주장이
나 생각을 전하는 행동.

방 법
어떤 목적을 이루기 위한 행동 및
수단을 가리키는 말.

애 국 심
자기 나라를 사랑하는 마음.

교육이 민족의 미래를 밝히는 길이라 믿었던 안창호가
어떤 노력을 했는지 같이 살펴보자.

배움만이 희망   어린 안창호는 청과 일본이 우리 땅에서 싸우는 것을 보고 이렇게 생각했어.

"왜 남의 나라에 들어와 싸우는 거지? 이건 모두 우리가 힘이 없기 때문이야."

안창호는 배움만이 살길이라며 서양인이 세운 학교에 들어가 근대적인 지식을 배웠어.

미국 유학   안창호는 힘을 기르려면 보다 넓은 세상에서
공부해야 한다고 생각했어. 그래서 그는 미국으로 향하는
배를 탔어. 배를 타고 가던 중, 안창호는 하와이 섬을 보
고 무척 감동하며 다짐했지.

"이렇게 넓은 바다에 우뚝 솟은 섬처럼, 나도 많은 사람
들에게 희망이 될 수 있는 존재가 될 것이다."

미국에 도착한 안창호는 25살의 나이에도 불구하고, 초
등학교에 들어가 공부하기로 했어. 낮에는 공부하고 밤에
는 돈을 버는 힘든 생활을 이어 갔지. 그는 배움의 기회를
소중히 여기며 누구보다 열심히 공부했어.

교육의 중요성 강조   을사늑약이 맺어지자 안창호는 미국에서
돌아왔어. 그는 일본의 침략이 잘못되었음을 알리는 한편, 우
리 민족 스스로 이를 이겨 내야 한다며 연설했지.

"여러분, 나라를 살릴 방법이 있습니다. 그것은 애국심을 기
르고, 우리 스스로 힘을 기르는 것입니다. 진정한 힘이란 싸
우는 능력이 아닌 배워서 아는 것입니다."

⬆ 안창호

안창호는 교육의 중요성을 강조했어. 이후 그는 뜻있는 사람들과 함께 '대성학교'를 세
워 애국심과 민족의식을 가진 국민을 키우고자 노력했지.

왈왈!

로빈아! 설쌤과 함께 읽어본 안창호 이야기 재밌었지?
제대로 읽고 이해했는지 **문제**를 통해 같이 **확인**해 보자!

다음 낱말과 뜻을 알맞게 선으로 이으세요.

어휘력

(1) 감동 •   • ㉠ 여러 사람 앞에서 자신의 주장이나 생각을 전하는 행동.

(2) 연설 •   • ㉡ 자기 나라를 사랑하는 마음.

(3) 애국심 •   • ㉢ 크게 느끼어 마음이 움직임.

이야기의 내용과 일치하는 것은 O에 표시하고, 그렇지 않은 것은 X에 표시하세요.

내용
이해

(1) 안창호는 배움의 중요성을 느껴 미국으로 가서 공부했습니다.   (O / X)

(2) 을사늑약이 맺어지자 안창호는 미국에서 공부에 더욱 집중하였습니다.   (O / X)

(3) 안창호는 대성 학교를 세워 사람들에게 애국심과 민족의식을 심어   (O / X)
    주었습니다.

다음 글을 읽고 안창호가 한 일로 알맞지 않은 것은 고르세요.   (   )

사고력

안창호는 새로운 학문을 배우기 위해 미국으로 떠나 많은 것을 배웠어요. 하지만
을사늑약이 맺어지자 한국으로 다시 돌아와 '신민회'라는 독립운동 단체를 만들었
지요. 또한 대성 학교를 세워 교육 운동을 벌였어요. 이후 독립운동 자금을 모아 임
시 정부에도 도움을 주었답니다.

① 신민회를 만들었습니다.

② 대성 학교를 세웠습니다.

③ 임시 정부에 도움을 주었습니다.

④ 서당에서 아이들을 가르쳤습니다.

⑤ 미국에서 새로운 학문을 배웠습니다.

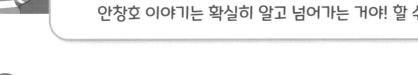

로빈아! 이제 **구조도의 빈칸**만 채우면
안창호 이야기는 확실히 알고 넘어가는 거야! 할 수 있지?

왈왈!

3 주
1 일

4

요약
정리

다음 보기 중 구조도의 빈칸에 들어갈 알맞은 어휘를 고르세요.

| 보기 | 안창호 | 대성 학교 | 을사늑약 |

☐☐☐ ─────┐   ☐☐☐☐ 체결
                         ↓
미국 유학 ──────→   ☐☐ ☐☐ 설립

25살에 나이에도   국민의 애국심과 민족의식을
초등학교에 들어가 공부를 함.   키우기 위해 노력함.

11 안창호 **61**

12

3·1 운동을 이끌고 불교 개혁을 외치다
한용운

1913년 『조선불교유신론』 간행	1919년 3·1 운동	1926년 『님의 침묵』 간행

고민
마음속으로 해결이 되지 않아 괴로워함.

절
불교의 상징인 부처를 모신 집.

주장
자기의 의견이나 생각을 굳게 내세움.

독립
다른 것에 속하거나 의존하지 않은 상태.

선언서
어떤 일에 대해 널리 전하는 내용을 적은 글.

시
자연이나 인생에 대한 감흥과 사상 등을 함축적·운율적인 언어로 표현한 글.

어휘 사용하기

한용운 선생님은 스님이었지?

맞아. 스님이면서 동시에 독립운동을 하셨어.

아! 다른 독립운동가들과 모인 자리에서 독립 선언서를 낭독하셨다고 들은 거 같아!

독립운동의 마음을 담은 시도 유명해. 「님의 침묵」이라고 들어 봤지?

아~ 그게 그분이 지은 시였구나!

3·1 운동의 민족 대표였던 **한용운**은 승려였어.
한용운은 승려로서 **독립**을 위해 어떤 노력을 했을까?

승려의 길 청과 일본이 우리 땅에서 전쟁을 벌일 때, 한용운은 혼란스러운 세상을 보며 마음이 답답했어. 그리고 고민 끝에 절에 들어가 승려의 길을 걷게 되었지.

불교 개혁 주장 한용운은 불교를 새롭게 개혁하자고 주장했어. 불교가 백성들의 삶과 가까이 있기를 원했기 때문이지. 많은 승려들은 이에 반대했지만, 한용운은 불경을 한글로 번역하는 등 많은 사람들이 쉽게 불교에 다가갈 수 있도록 노력했어.

민족 대표 식민지가 된 우리나라는 오랫동안 일본으로부터 고통받았어. 결국 이에 맞서 3·1 운동이 일어났지. 이때 한용운도 민족 대표의 한 명으로서 3·1 운동에 참여했어. 그는 독립 선언서를 큰 목소리로 읽어 내려갔지.

"이 땅의 주인이 누구입니까? 세계에 우리나라의 독립을 알립시다. 대한 독립 만세!"

이때 일본 경찰들이 들이닥쳐 민족 대표들을 잡아들였어. 하지만 한용운은 끝까지 당당했지.

"내가 우리나라에서 만세를 외치는 것이 무슨 잘못이란 말이냐!"

결국 한용운은 일본으로부터 심한 고문을 받았어. 하지만 결코 약한 모습을 보이지 않고 끝까지 저항했지.

『님의 침묵』 저술 한용운은 「님의 침묵」이라는 시를 썼어. 이 시는 많은 사람들의 마음을 울렸지. 「님의 침묵」에는 나라를 사랑하는 한용운의 마음이 잘 드러나 있기 때문이야.

⬆ 「님의 침묵」

왈왈!

로빈아! 설쌤과 함께 읽어본 한용운 이야기 재밌었지?
제대로 읽고 이해했는지 **문제**를 통해 같이 **확인**해 보자!

1 다음 뜻에 알맞은 낱말을 보기 에서 골라 쓰세요.

어휘력

보기	독립	주장	고민

(1) 한용운은 불교를 개혁해야 한다고 ☐☐했습니다.

(2) 나라가 혼란스러웠던 시기에 한용운은 ☐☐ 끝에 승려의 길을 걷게 되었습니다.

(3) 일본의 침략으로 고통받던 우리 민족은 3·1 운동과 같은 ☐☐운동을 펼쳤습니다.

2 이야기의 내용을 알맞게 말하지 **못한** 친구의 이름을 쓰세요.

내용
이해

지윤: 한용운은 승려의 길을 걸었습니다.
민하: 한용운은 「님의 침묵」이라는 시를 지었습니다.
은수: 한용운은 기존의 불교를 지키려는 노력을 했습니다.

(　　　　)

3 다음 글을 읽고 빈칸에 들어갈 알맞은 낱말을 쓰세요.

사고력

　한용운의 시 「님의 침묵」은 다양한 의미로 해석되지만, 시의 '님'은 '조국'으로 보기도 해요. 일제 강점기에 직접적으로 나타내지는 못했지만, 조선의 독립을 간절히 원하는 자신의 마음을 나타낸 것이라고 이해할 수 있어요.

→ 「님의 침묵」에는 조선의 ☐☐을/를 바라는 한용운의 마음이 담겨 있습니다.

왈왈!

로빈아! 이제 **구조도의 빈칸**만 채우면
한용운 이야기는 확실히 알고 넘어가는 거야! 할 수 있지?

4 다음 보기 중 구조도의 빈칸에 들어갈 알맞은 어휘를 고르세요.

요약
정리

보기   한용운   님의 침묵   불교

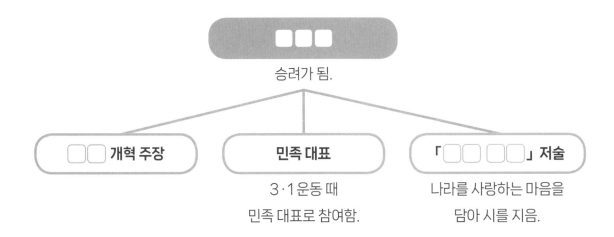

□□□
승려가 됨.

□□ 개혁 주장   민족 대표   「□□ □□」 저술

3·1운동 때   나라를 사랑하는 마음을
민족 대표로 참여함.   담아 시를 지음.

13 민족의 역사를 일깨우다
신채호

1880년
신채호 출생

1923년
「조선 혁명 선언」 발표

1948년
『조선상고사』 발행

어휘 미리보기

신 동
재주와 슬기가 남달리 특별한 아이.

고 개
목을 포함한 머리 부분.

고 대 사
고대 시대의 역사.

만 주
중국 동북 지방을 이르는 말.

흔 적
어떤 현상 이후 생긴 남은 자국.

강 도
폭행 등을 통해 강제적으로 남의 물건을 빼앗는 도둑.

신채호는 '단재' 선생이라 불려. 이는 **독립을 위한 마음**을 변함없이 가지고 있겠다는 뜻이었지. 어떤 업적을 남겼는지 한번 살펴보자.

민족적 자존심 신채호는 어릴 때 글솜씨가 아주 뛰어나 신동이라 불렸어. 하지만 나라가 일본의 침략으로 약해져 가자 관리가 되는 것을 포기하고 민족 운동에 뛰어들었어.

신채호는 우리 민족으로서의 자존심이 아주 강했어. 그와 관련된 이야기가 하나 있지.

"선생님, 고개를 내리고 세수를 하시지요. 옷이 다 젖습니다."

"지금 우리 주변에 일본인들이 보이지 않는 곳이 없소. 나는 세수를 할 때조차 그들에게 절대 고개를 숙이지 않을 것이오."

신채호는 죽을 때까지 고개를 세우고 세수를 했대.

고대사 연구의 업적 신채호는 '역사만이 살길이다.'라고 주장했어. 역사를 알아야 독립의 길을 찾을 수 있다고 생각한 거야. 또한 그는 역사를 통해서 우리나라가 독립된 나라임을 강조하고자 했어. 그래서 머나먼 과거의 고대사까지 거슬러 올라가 역사를 연구했지.

"고대에는 고구려와 발해라는 나라가 강력했다고 하는데 어떤지 궁금하군."

신채호는 기록에 적혀 있는 것만으로는 만족하지 못하고, 예전 나라들이 있었던 중국의 만주 땅에까지 들어가 그 흔적을 찾아냈어.

"역사의 흔적을 한 번 보는 것이 기록을 만 번 보는 것보다 낫다."

그렇게 신채호는 고대사를 정리하여 『조선상고사』라는 책을 펴냈어.

「조선 혁명 선언」 뛰어난 글솜씨로 유명했던 신채호에게 어느 날 '의열단'이라는 독립운동 단체에서 자신들의 독립운동을 알릴 수 있는 글을 써 달라고 부탁했어. 이에 신채호는 「조선 혁명 선언」이라는 글을 쓰게 되었지.

"강도 같은 일본이 우리나라를 빼앗았다. 일본을 돕는 자는 모두 우리의 적임을 선언한다!"

의열단은 신채호의 글을 보고 감동하여, 더욱 힘을 내서 독립운동에 임했어.

왈왈!

로빈아! 설쌤과 함께 읽어본 신채호 이야기 재밌었지?
제대로 읽고 이해했는지 **문제**를 통해 같이 **확인**해 보자!

1 다음 낱말에 알맞은 뜻풀이를 **보기** 에서 골라 기호를 쓰세요.

어휘력

> **보기**
> ㉠ 목을 포함한 머리 부분.
> ㉡ 어떤 현상 이후 생긴 남은 자국.
> ㉢ 폭행 등을 통해 강제적으로 남의 물건을 빼앗는 도둑.

(1) 강도 (   )   (2) 고개 (   )   (3) 흔적 (   )

2 다음 중 이야기의 내용으로 알맞은 것을 **보기** 에서 골라 기호를 쓰세요.

내용
이해

> **보기**
> ㉠ 신채호는 그림 솜씨가 뛰어난 것으로 유명했습니다.
> ㉡ 신채호는 글을 써 달라는 의열단의 부탁을 거절했습니다.
> ㉢ 신채호는 직접 중국 땅까지 찾아가 우리의 역사를 연구했습니다.

(   )

3 다음 글을 읽고 내용을 알맞게 말하지 <u>못한</u> 친구의 이름을 쓰세요.

사고력

> 글솜씨가 뛰어났던 신채호는 「황성신문」, 「대한매일신보」에 글을 써서 항일 운동을 펼쳤어요. 대한민국 임시 정부를 세우는 데에도 참여했지만, 임시 정부의 대통령 이 승만과 뜻을 달리하여 임시 정부에서 나왔지요. 한편 신채호는 우리나라 역사를 배 우는 것의 중요성을 강조하며 고대사 연구에 앞장섰어요.

> 유리: 신채호는 임시 정부에 끝까지 남았습니다.
> 지현: 신채호는 우리나라 역사를 중요하게 생각했습니다.
> 정아: 신채호는 신문에 글을 써서 항일 운동을 펼쳤습니다.

(   )

로빈아! 이제 **구조도의 빈칸**만 채우면
신채호 이야기는 확실히 알고 넘어가는 거야! 할 수 있지?

왈왈!

4 다음 **보기** 중 구조도의 빈칸에 들어갈 알맞은 어휘를 고르세요.

요약
정리

보기   의열단   신채호   조선상고사

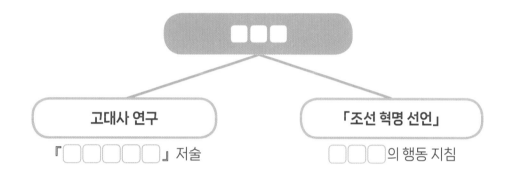

□ □ □

고대사 연구   「조선 혁명 선언」

『□□□□□』저술   □□□의 행동 지침

14

이토 히로부미를 저격하다
안중근

1879년
안중근 출생

1909년
이토 히로부미 저격

1910년
안중근 사망

설쌤 강의 보기

어휘 미리보기

무 예

칼이나 활쏘기 등 무술에 관한 재주.

교 육

지식과 기술을 가르치며 사람됨을 알려 주는 것.

상 대

서로 마주 대함.

무 력

군사적인 힘.

통 감

대한 제국 때에, 일제가 설치한 통감부의 장관.

의 거

정의를 위하여 개인이나 집단이 옳은 일을 일으킴.

어휘 사용하기

독립운동가들은 교육을 중요하게 생각했대.

맞아. 교육으로 사람들을 일깨우려 했지. 무예도 가르쳤고.

무예를 배우면 독립운동에 무력을 사용할 수도 있었겠구나!

그렇지. 일본군을 상대할 때 많은 도움이 되었을 거야.

독립운동가들은 독립을 위해 지식도 쌓고 몸도 단련하고. 정말 최선을 다했구나.

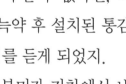

안중근은 우리나라를 침략하는 데 앞장선 **이토 히로부미를 총으로 저격**했어.
안중근은 왜 그를 죽일 수밖에 없었을까?

천주교로 개종 안중근은 어릴 때부터 유학과 역사를 배우며 민족의식을 키웠어. 그리고 아버지로부터 근대적인 사상을 배웠지. 활과 총 쏘기, 말 타기 등 무예도 배웠어. 안중근은 16세에 가족과 함께 천주교를 믿게 되었어. 이후 안중근은 서양인 신부로부터 '도마'라는 이름을 얻었지. '도마'는 예수의 제자 이름에서 따온 세례명이라고 해.

계몽 운동과 의병 활동 '계몽'은 교육으로 사람들을 일깨우는 것을 말해. 안중근도 계몽 운동에 뛰어들었어. 집안의 모든 재산으로 학교를 세우고, 직접 선생님이 되어 아이들을 가르쳤지.

그러나 갈수록 일본의 탄압이 심해지자, 안중근은 교육만으로는 나라를 구할 수 없다고 생각했어.

"일본은 우리를 집어삼키려 하는데 교육만으로 언제 힘을 길러 일본을 상대한다는 말인가. 의병에 들어가서 무력으로 일본에 맞서자!"

안중근은 의병으로 열심히 활동했어. 하지만 일본의 힘은 날이 갈수록 강해졌고, 의병 활동은 어려움에 빠질 수밖에 없었지. 그러자 또 다른 방법을 찾았어.

이토 히로부미 저격 안중근은 계몽 운동과 의병 활동으로도 나라를 구할 수 없다면, 직접 일본의 높은 사람을 죽여 나라를 구하겠다고 생각했어. 그때 을사늑약 후 설치된 통감부의 초대 통감이었던 이토 히로부미가 하얼빈 역으로 온다는 이야기를 듣게 되었지.

이를 들은 안중근은 하얼빈 역에서 기다리고 있다가, 이토 히로부미가 기차에서 내리자 총을 꺼냈어.

"코레아 우라(대한 독립 만세)! 탕! 탕! 탕!"

이토 히로부미는 안중근의 총에 맞아 쓰러졌어. 안중근이 의거에 성공한 거야.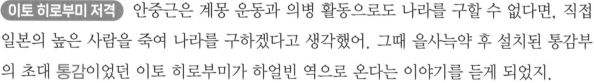

왈왈!

로빈아! 설쌤과 함께 읽어본 안중근 이야기 재밌었지?
제대로 읽고 이해했는지 문제를 통해 같이 확인해 보자!

1 다음 낱말과 뜻풀이가 알맞게 짝 지어진 것은 O에 표시하고, 그렇지 <u>않은</u> 것은 X에 표시하세요.

어휘력

(1) 무예 – 칼이나 활쏘기 등 무술에 관한 재주. (O / X)

(2) 교육 – 군사적인 힘. (O / X)

(3) 의거 – 정의를 위하여 개인이나 집단이 옳은 일을 일으킴. (O / X)

2 다음 중 이야기의 내용으로 알맞은 것은 무엇인가요? ( )

내용
이해

① 안중근은 불교를 믿었습니다.

② 안중근은 의거 활동에 실패했습니다.

③ 안중근은 교육만으로 나라를 구할 수 있다고 믿었습니다.

④ 일본의 힘은 날로 강해지고 점점 더 조선을 탄압했습니다.

⑤ 안중근은 의병 활동만으로 나라를 구할 수 있다고 믿었습니다.

3 다음 글을 읽고 일이 일어난 순서대로 보기 의 기호를 쓰세요.

사고력

을사늑약이 맺어지자 안중근은 의병을 일으켰어요. 얼마 후, 우리나라의 군대가 해산되자 안중근은 연해주에서 군대를 조직하여 일본군과 싸웠어요. 하지만 일본의 힘은 점점 더 강해졌지요. 그러자 안중근은 다른 방법을 찾았어요. 안중근은 일본의 관리인 이토 히로부미를 총으로 쏘았지요.

 ㉠ 안중근은 의병을 일으켰습니다.
㉡ 안중근은 일본의 이토 히로부미를 총으로 쏘았습니다.
㉢ 안중근은 연해주에서 군대를 만들어 일본군과 싸웠습니다.

( ) – ( ) – ( )

로빈아! 이제 **구조도의 빈칸**만 채우면
안중근 이야기는 확실히 알고 넘어가는 거야! 할 수 있지?

왈왈!

4 다음 보기 중 구조도의 빈칸에 들어갈 알맞은 어휘를 고르세요.

요약
정리

보기   의병   안중근   이토 히로부미

□□□

→

계몽 운동

학교를 세우고 선생님이 되어
아이들을 가르침.

천주교를 믿으며
'도마'라는 세례명을 받음.

↓

□□ 활동   →   **의거 활동**

교육만으로 나라를 구할 수 없음을 깨닫고
의병에 들어가 무력으로 일본에 맞섬.

하얼빈 역에서
□□ □□□□를 저격함.

15 청산리에서 일본군에 맞서 대승을 거둔 김좌진

1919년
독립군 사령관 취임

1920년
청산리 대첩

1930년
김좌진 사망

어휘 미리보기

항상
언제나 변함없이.

행동
몸을 움직여 동작을 하거나 어떤 일을 함.

자유인
누구에게 구속되지 않고 자유로운 권리를 가진 사람.

참여
여러 사람이 같이 하는 어떤 일에 끼어들어 함께 일함.

강력
힘이나 영향이 강함.

유인
주의나 흥미를 일으켜 꾀어냄.

김좌진은 청산리에서 일본군을 상대로 크게 이겼어.
그는 어떻게 일본군을 이길 수 있었을까?

노비 해방 김좌진은 어릴 때부터 항상 약한 사람을 도와야 한다는 생각을 가졌어. 또한 지식인들과 친하게 지내면서 근대적인 생각도 가지게 되었지.

그러던 어느 날 김좌진은 사람들이 깜짝 놀랄 행동을 벌였어. 잔치를 열고 자신의 노비를 모두 풀어 준 거야.

"그동안 고생들 많았소. 이제부터 여러분은 노비가 아니라 자유인입니다. 여기 땅과 돈을 나눠줄 터이니 받아 가시오."

김좌진이 노비를 재산이 아닌 사람으로 생각했다는 것을 알 수 있는 이야기지.

교육 운동 김좌진은 교육 운동에 적극적으로 뛰어들었어. 배움만이 약해져 가는 나라를 다시 일으킬 수 있는 길이라고 생각했기 때문이지. 학교로 쓸 마땅한 건물이 없자, 그는 자신의 집을 개조한 뒤 학교 건물로 썼어.

"학교에서 학생들에게 애국정신과 민족의식을 심어 주자."

김좌진은 교육 운동뿐 아니라 청년 단체, 신문사 등 여러 모임에 참여하며 나라를 일으키기 위해 활발히 활동했어.

청산리 대첩 대한 제국이 끝내 일본의 식민지가 되자, 김좌진은 교육만으로는 나라를 되찾을 수 없다고 생각했어. 그는 '북로 군정서'라는 독립군을 조직해 총을 들어 일본에 맞서 싸우기로 결심했어. 이 소식을 들은 일본은 많은 수의 군대를 이끌고 독립군을 공격했어. 하지만 김좌진의 의지를 꺾을 수는 없었지.

"이번에야말로 우리 독립군의 강력함을 보여 주겠다! 단 한 명도 살아서 돌아갈 수 없을 것이다!"

김좌진은 일본군을 청산리라는 깊은 산속으로 유인한 후 그들을 공격했어. 청산리에서 우리 독립군은 크게 승리했지(청산리 대첩). 이후 일본은 독립군을 만만히 보지 못했어.

왈왈!

로빈아! 설쌤과 함께 읽어본 김좌진 이야기 재밌었지?
제대로 읽고 이해했는지 문제를 통해 같이 확인해 보자!

1

어휘력

다음 빈칸에 들어갈 알맞은 낱말을 보기 에서 골라 쓰세요.

보기   강력   참여   유인

(1) 김좌진은 청년 단체, 신문사 등 여러 모임에 □□하여 나라를 일으키기 위해 열심히 활동했습니다.

(2) 김좌진은 독립군의 □□한 힘으로 일본을 물리치려고 했습니다.

(3) 김좌진은 청산리라는 산속으로 일본군을 □□한 후 공격했습니다.

2

내용
이해

이야기의 내용과 일치하는 것은 O에 표시하고, 그렇지 않은 것은 X에 표시하세요.

(1) 김좌진은 끝까지 교육 운동만으로 나라를 구하려고 했습니다.   (O / X)

(2) 김좌진은 '북로 군정서'라는 독립군을 만들었습니다.   (O / X)

(3) 김좌진은 청산리에서 일본군을 상대로 크게 승리했습니다.   (O / X)

3

사고력

다음 글을 읽고 빈칸에 들어갈 알맞은 낱말을 찾아 쓰세요.

봉오동 전투에서 패한 일본은 독립군을 크게 공격하려 했어요. 그러자 김좌진의 북로 군정서, 홍범도의 대한 독립군 등 여러 독립군 부대가 힘을 모았지요. 우리 독립군은 청산리 근처로 모였어요. 그리고 깊은 산속이라는 점을 잘 이용하여 일본군을 유인한 후 공격했지요. 청산리 대첩은 독립군이 거둔 가장 큰 승리였어요. 이후 김좌진은 독립군을 기르는 데 앞장섰지요.

→ 김좌진의 북로 군정서를 비롯한 우리 □□□은/는 청산리에서 일본을 상대로 크게 승리했습니다.

왈왈!

로빈아! 이제 **구조도의 빈칸**만 채우면
김좌진 이야기는 확실히 알고 넘어가는 거야! 할 수 있지?

4 다음 **보기** 중 구조도의 빈칸에 들어갈 알맞은 어휘를 고르세요.

요약
정리

보기   김좌진   군정서   청산리

☐☐☐

노비 해방
자신의 노비를 모두 풀어줌.

교육 운동
자신의 집을 학교로 만들어
교육 활동을 펼침.

☐☐☐ **대첩**
북로 ☐☐☐라는
독립군을 이끌고 일본군을
상대로 크게 승리함.

"조국의 독립을 위해 힘을 모았던 두 인물"

안중근은 대한 제국이 일본의 침략으로 위기에 처하자 계몽 운동과 의병 투쟁에 뛰어들었어. 그러나 갈수록 일본의 힘이 커지자 이 모든 것들은 효과가 없었대. 이에 안중근은 일본에 큰 충격을 주기 위해 일본의 근대화에 앞장서고 총리까지 지낸 이토 히로부미를 죽이고자 한 거야.

안중근

출생	1879년
사망	1910년
한 줄 요약	하얼빈 의거를 일으킨 애국자
연관 키워드	천주교 신자 삼흥학교 단지동맹 동양평화론

안중근 과 최재형

안중근의 의거는 안중근 혼자 이룬 것이 아니었어. 바로 숨은 조력자 최재형이 있었지. 최재형은 당시 조국이 처한 상황을 잘 알고 있었다고 해. 그래서 그는 러·일 전쟁 이후 항일 단체인 동의회를 조직하고, 안중근의 의거를 도왔어. 이후 안중근이 일본에 의해 사형을 당하자 최재형은 남은 그의 가족들을 보살펴 줬다고 해.

최재형

출생	1860년
사망	1920년
한 줄 요약	안중근 의거의 든든한 조력자
연관 키워드	별명 페치카(러시아어로 난로) 재러 한인 동의회 대동공보

4주

	1일	2일
주제	**방정환** 어린이날의 창시자	**유관순** 생의 마지막까지 대한 독립을 외치다

학습 계획	☐ 월 ☐ 일	☐ 월 ☐ 일
학습 확인	☆ ☆ ☆	☆ ☆ ☆

이번 주에 만날 인물 5명의 특징을
제목으로 먼저 살펴보자.

3 일

나운규
영화에 민족의
슬픔을
담아내다

☐월 ☐일

4 일

이봉창
일본의 심장에
폭탄을 던지다

☐월 ☐일

5 일

윤봉길
세계를
놀라게 한
폭탄 의거

☐월 ☐일

16 어린이날의 창시자 방정환

1899년	1922년	1923년
방정환 출생	어린이날 제정	잡지 『어린이』 간행

어휘 미리보기

조선총독부
일제가 1910년부터 1945년까지 우리나라를 지배하기 위하여 설치한 기관.

취직
일정한 직업을 잡아 직장에 나감.

사위
딸의 남편을 이르는 말.

인생
사람이 세상을 살아가는 일.

존중
상대를 높여 귀하게 대함.

잡지
특정한 이름을 가지고 반복적으로 찍어내는 책의 종류.

어휘 사용하기

평강아, 그거 알아?

일제 강점기에는 **조선 총독부**에 **취직**하면 **인생** 성공했다는 말을 들었대.

맞아. 하지만 신문이나 **잡지** 회사에 들어가 일본에 반대하는 글을 쓰는 사람들도 있었어!

우와, 정말 대단하다! 그런 사람들은 진짜 **존중**받아야해.

맞아. 그 시대에는 정말 힘든 일이었을 텐데 말이야.

5월 5일 어린이날 하면 누가 떠올라? 바로 **방정환**이지.
방정환은 어린이야말로 민족의 미래라고 생각했대.

천도교와의 인연 방정환은 어릴 때 집안이 크게 어려워졌어. 그래서 그는 어쩔 수 없이 먹고살기 위해 조선총독부에 취직하게 되었지. 그러던 중 누군가 방정환에게 이렇게 말했어.

"방정환 군, 어찌하여 일본인 밑에서 일하고 있는가? 당장 그만 두게! 내가 천도교를 이끄는 손병희 어른을 소개해 주겠네."

천도교에 관심이 있던 방정환은 손병희를 만나 대화를 나누었지.

"방정환 군은 총독부에서 일하면서 어떤 것을 보고 느꼈는가?"

"네, 저는 그곳에서 일하면서 우리나라의 어려움을 보았고, 그중 어린이의 어려움도 보았습니다. 저는 특히 어린이들을 위해 일하고 싶습니다."

"좋네, 그럼 나와 함께 일하세. 내가 자네를 도와주겠네."

그렇게 방정환은 손병희와 함께 나라를 위한 일을 했고, 얼마 후 손병희의 사위가 되었어.

어린이 운동 방정환은 왜 어린이에게 관심을 가지게 되었을까? 일본의 지배로 인해 어린이들이 어른도 하기 힘든 일을 하는 모습과 어린이들이 교육을 제대로 받지 못해 꿈을 펼치지 못하는 모습을 보았기 때문이야.

"어린이는 우리 민족의 미래이다."

방정환은 자신의 모든 인생을 어린이에게 바치기로 결심했어.

↑ 어린이날 표어

"어린이를 존중해야 한다. 이제부터는 아이나 꼬마라 부르지 말고 어른과 똑같이 대우해 '어린이'라 부르자!"

여기서 더 나아가 방정환은 어린이를 위한 잡지와 노래를 만들고 '어린이날'을 만들어 이를 기념했어.

왈왈!

로빈아! 설쌤과 함께 읽어본 방정환 이야기 재밌었지?
제대로 읽고 이해했는지 문제를 통해 같이 확인해 보자!

1

어휘력

다음 낱말의 뜻으로 알맞은 것을 에서 골라 기호를 쓰세요.

보기
㉠ 상대를 높여 귀하게 대함.
㉡ 일정한 직업을 잡아 직장에 나감.
㉢ 특정한 이름을 가지고 반복적으로 찍어내는 책의 종류.

(1) 취직 (   )   (2) 존중 (   )   (3) 잡지 (   )

2

내용
이해

이야기의 내용을 알맞게 말하지 못한 친구의 이름을 쓰세요.

영우: 방정환은 어린이날을 만들었습니다.

지연: 불교에 관심이 있던 방정환은 손병희를 만났습니다.

유미: 방정환은 어린이를 위한 잡지와 노래를 만들었습니다.

(   )

3

사고력

다음 글을 읽고 방정환이 한 일이 아닌 것을 고르세요. (   )

　방정환은 어린이날을 만들고, 아이들을 위한 잡지인 『어린이』를 만들었어요. 또한 소년 운동을 펼치고, 매년 어린이들을 존중하는 의미의 기념 행사를 열었지요. 어린이들을 위한 문학 작품을 쓰고, 외국 동화를 번역하기도 했어요. 아이들을 존중한다는 의미로 '어린이'라는 말을 만든 것도 방정환이랍니다.

① 소년 운동을 펼쳤습니다.

② 어린이날을 만들었습니다.

③ 『어린이』라는 잡지를 만들었습니다.

④ 어린이를 위한 문학 작품을 썼습니다.

⑤ 아이들을 위한 말로 '젊은이'라는 말을 만들었습니다.

로빈아! 이제 **구조도의 빈칸**만 채우면
방정환 이야기는 확실히 알고 넘어가는 거야! 할 수 있지?

왈왈!

4

요약
정리

다음 보기 중 구조도의 빈칸에 들어갈 알맞은 어휘를 고르세요.

| 보기 | 총독부 | 손병희 | 방정환 | 어린이날 |

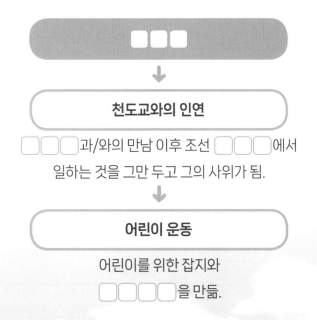

□□□

↓

천도교와의 인연

□□□과/와의 만남 이후 조선 □□□에서
일하는 것을 그만 두고 그의 사위가 됨.

↓

어린이 운동

어린이를 위한 잡지와
□□□□□을 만듦.

17

생의 마지막까지 대한 독립 만세를 외치[
유관순

설쌤 강의 보기

1902년	1919년	1920년
유관순 출생	3·1운동 참여	유관순 사망

어휘 미리보기

운 명
인간을 포함한 모든 것을 지배하는 초인간적인 힘.

열 망
열렬하게 바람.

낭 독
글을 소리 내어 읽음.

선 교 사
외국에서 기독교를 퍼트리는 것에 종사하는 사람.

재 판
법원에서 법적으로 문제가 되는 사건에 대해 법률에 따라 판단하는 일.

시 위
많은 사람이 의사를 표현하기 위해 행진을 하거나 모이는 일.

어휘 사용하기

평강아.
우리나라에는 어떻게 기독교가 들어오게 된 걸까?

조선 시대 말에 서양에서 온 **선교사**들이 열심히 기독교를 알려서 그런 거지.

와…….

얼마나 **열망**이 강했으면 기독교를 알리기 위해 그 먼 곳에서 조선까지 왔을까?

심지어 탄압 받으면서 **재판**을 받을 때도 자신들의 **운명**을 순순히 받아들였대.

유관순은 어린 나이임에도 그 누구보다도 앞장서서 **3·1 운동**에 나섰던 사람이야. 유관순이 독립을 위해 어떻게 노력했는지 함께 알아보자.

독립에 대한 열망 우리가 일본에 의해 식민지가 된 지 얼마 지나지 않아 제1차 세계 대전이 일어났어. 이 전쟁에서 미국, 영국, 프랑스 등이 승리했지. 이때 미국의 대통령이 세계를 놀라게 할 말을 했어.

"각 민족은 외국의 간섭 없이 민족 스스로 운명을 결정해야 합니다."

우리 민족을 염두에 두고 한 말이 아니었지만, 우리는 당장이라도 일본으로부터 벗어날 수 있다는 희망을 가졌어. 이미 우리의 가슴에는 독립의 열망이 불타오르고 있었지.

3·1운동 참여 독립에 대한 열망이 커져 갈 무렵, 고종 황제가 세상을 떠나고 말았어. 고종 황제의 장례식 즈음 우리 민족은 「독립 선언서」 낭독을 시작으로 3·1 운동을 일으켰지. 3·1 운동이 일어나자 학생들이 거리로 쏟아져 나왔고, 유관순도 태극기를 들고 목청껏 소리쳤지. 하지만 유관순은 그만 일본 헌병 경찰에 체포되었어. 선교사들의 도움으로 풀려난 유관순은 고향으로 내려가 만세 운동을 벌였지.

"나라 없는 백성이 어찌 백성이겠습니까? 어머님, 아버님 같이 만세를 외쳐요."

유관순의 부모님은 그만 일본군의 총에 쓰러지고 말았어. 그럼에도 유관순은 물러서지 않고 헌병 경찰에 맞섰지.

재판과 투옥 다시 체포된 유관순은 재판에 넘겨졌어. 하지만 유관순은 끝까지 당당했어.

"유관순, 너는 어찌하여 만세 시위에 참여했느냐?"

"나는 조선 사람이다. 너희들은 우리 땅에 들어와 우리 민족을 수없이 죽이고 나의 부모님을 죽였다. 죄를 지은 것은 네놈들이지 내가 아니다!"

결국 유관순은 감옥에 갇히고 말았어. 감옥에서도 독립

에 대한 의지는 꺾이지 않았지. 유관순은 감옥에서 계속해서 '대한 독립 만세'를 외쳤고, 이에 화가 난 일본의 심한 고문 끝에 그녀는 목숨을 잃었어.

로빈아! 설쌤과 함께 읽어본 유관순 이야기 재밌었지?
제대로 읽고 이해했는지 **문제**를 통해 같이 **확인**해 보자!

왈왈!

❶ **다음 낱말과 뜻풀이를 알맞게 선으로 이으세요.**

어휘력

(1) 낭독 •　　　• ㉠ 많은 사람들이 의사를 표현하기 위해 행진을 하거나 모이는 일.

(2) 시위 •　　　• ㉡ 글을 소리 내어 읽음.

(3) 열망 •　　　• ㉢ 열렬하게 바람.

❷ **이야기의 내용으로 알맞지 <u>않은</u> 것은 무엇인가요?**　　　　　　　（　　　）

내용
이해

① 유관순은 감옥에서도 '대한 독립 만세'를 외쳤습니다.

② 제1차 세계 대전에서는 미국, 영국, 프랑스 등이 승리했습니다.

③ 고종 황제의 장례식 무렵, 우리 민족은 3·1 운동을 일으켰습니다.

④ 우리가 일본의 식민지가 되고 얼마 후, 제1차 세계 대전이 일어났습니다.

⑤ 미국 대통령의 말에, 우리 민족은 독립에 대한 의지를 잃었습니다.

❸ **다음 글을 읽고 일이 일어난 순서대로 보기 의 기호를 쓰세요.**

사고력

> 　유관순은 선교사의 소개로 이화 학당에서 공부했어요. 1919년 3월 1일, 만세 시위
> 가 일어나자 유관순도 이화 학당의 학생들과 함께 참여했지요. 만세 시위가 계속되자
> 일본은 여러 학교에 휴교령을 내렸어요. 학교가 문을 닫자 유관순은 고향으로 내려
> 가, 아우내 장터에서 독립을 이루자는 연설을 하며 시위했어요. 이로 인해 유관순은
> 일본군에 붙잡혀 심한 고문을 받았지만, 감옥 안에서도 만세 시위를 멈추지 않았지요.

보기　㉠ 유관순은 아우내 장터에서 독립을 위해 시위했습니다.

　　　㉡ 이화 학당이 문을 닫자 유관순은 고향으로 내려갔습니다.

　　　㉢ 1919년 3월 1일 만세 시위가 일어나자 유관순은 만세 시위에 참여했습니다.

　　　㉣ 감옥에 갇힌 유관순은 만세 시위를 계속했습니다.

（　　　）－（　　　）－（　　　）－（　　　）

왈왈!

로빈아! 이제 **구조도의 빈칸**만 채우면
유관순 이야기는 확실히 알고 넘어가는 거야! 할 수 있지?

4 다음 보기 중 구조도의 빈칸에 들어갈 알맞은 어휘를 고르세요.

요약
정리

보기   유관순   3·1 운동   고문

□□□
↓

□·□□□ → **선교사의 도움으로 풀려남.**
서울에서 만세 운동을 하다가 붙잡힘.   풀려난 이후 고향으로 내려와 만세 운동을 함.

↓

순국 ← **재판과 투옥**
감옥에서도 '대한 독립 만세'를 외치다가   체포되어 재판을 받을 때도
□□을 받아 목숨을 잃음.   당당한 모습을 유지하다가 감옥에 갇힘.

18

영화에 민족의 슬픔을 담아내다
나운규

1902년	1926년	1937년
나운규 출생	「아리랑」 개봉	나운규 사망

어휘 미리보기

활 발 하 다
어떤 일이 많이 이루어지거나 벌어지다.

극 단
연극에 관련된 일을 하는 배우들의 모임.

연 극
배우가 대본에 따라 말과 동작을 관객에게 보여 주는 무대 예술.

배 우
연극이나 영화에 등장하는 인물로 연기를 하는 사람.

삭 제
깎아 없애거나 지워 버림.

검 열
언론, 출판, 예술 등에 대해 미리 검사하여 내용을 조정함.

어휘 사용하기

평강아, 나 연극을 보고 나니까 배우들이 정말 멋지다는 생각이 들었어!

나중에 커서 배우가 되려면 어떻게 해야 하지?

일단 극단에 들어가야 하지 않을까?

생각만 해도 내 모습이 멋지다! 헤헤! 정말 멋진 연극이 많은 것 같아.

맞아. 요즘은 자유롭게 자기 생각을 펼치는 멋진 연극들이 많은 것 같아.
예전에는 연극 내용도 검열하고 심한 경우는 내용을 삭제하기도 했다던데…….

나운규는 일제 강점기에 **영화**를 통해 우리 민족을 울고 웃게 만들었어.
그가 만든 영화는 어떤 영화였을까?

`독립운동 참여` 3·1 운동 이후 만주에서 독립군의 활동이 활발해졌어. 이때 나운규도 독립군에 들어가 일본군과 싸웠지. 이때 나이가 지긋이 든 독립군이 나운규에게 말했어.

"보아하니 똑똑한 사람 같은데, 공부를 해 보면 어떤가? 총을 들지 않아도 일본에 맞설 수 있는 방법이 있을 걸세."

이 말을 들은 나운규는 독립군을 나와 공부를 시작하고, 우리나라 북쪽의 회령이라는 곳에서 지냈어. 그러던 어느 날 회령에 방문한 한 극단과 운명적으로 만났지.

"총을 드는 것도 중요하지만, 연극을 통해 많은 사람들에게 민족의식을 심어 주는 것도 중요할 것이다."

이후 나운규는 본격적으로 배우의 길로 나서게 되었어.

`항일 영화 제작` 일제 강점기에는 외국에서 영화가 들어오고 있었어. 나운규는 이번에는 영화에 뛰어들어 '아리랑'이라는 영화를 만들었지.

"일본에 의해 땅을 빼앗기고 고향을 떠날 수밖에 없던 우리 민족의 슬픔을 이 영화에 담도록 하자."

그러자 일본은 항일적이라며 영화의 내용 일부를 삭제하기도 했어. 하지만 이 소식이 많은 사람들에게 알려지면서 오히려 영화에 대한 관심이 높아졌지.

🔺 아리랑 포스터

나운규는 포기하지 않고 계속 영화를 찍었어. 이때 만든 영화가 '사랑을 찾아서'라는 영화인데, 원래 제목은 바로 '두만강을 건너서'야. 하지만 일본은 영화의 제목이 독립군을 떠올릴 수 있다며 제목을 바꾸라고 했어. 일본의 **검열**이 얼마나 심했는지 알겠지?

"계속 검열해 보아라! 나는 계속 이러한 영화를 찍을 것이다."

하지만 나운규는 일본의 괴롭힘에도 포기하지 않고 항일 영화를 계속해서 만들었어.

왈왈!

로빈아! 설쌤과 함께 읽어본 나운규 이야기 재밌었지?
제대로 읽고 이해했는지 **문제**를 통해 같이 **확인**해 보자!

1 다음 빈칸에 알맞은 낱말을 보기 에서 골라 쓰세요.

어휘력

> 보기　　　　삭제　　　　검열　　　　배우

(1) 일본의 ☐☐로 인해 나운규의 영화의 제목이 바뀌기도 했습니다.

(2) 나운규는 한 극단을 만나 ☐☐의 길을 걸었습니다.

(3) 일본은 항일적인 영화는 일부 내용을 ☐☐하라고 했습니다.

2 다음은 이야기에 대한 온달이와 평강이의 대화입니다. 알맞지 <u>않은</u> 것의 기호를 쓰시오.

내용
이해

> 온달: ㉠ 일제 강점기에는 영화의 내용도 일본이 검열했대.
>
> 평강: 맞아, ㉡ 그래서 항일적인 내용은 일부 삭제되기도 했지.
>
> 온달: 그래서 ㉢ 나운규의 '아리랑'이라는 영화도 검열의 대상이 되었지.
>
> 평강: 응. ㉣ 나운규는 '아리랑' 이후로 다른 영화는 만들지 않았대.

(　　　　　　　)

3 다음 글을 읽고 나운규가 한 일로 알맞지 <u>않은</u> 것을 보기 에서 골라 기호를 쓰시오.

사고력

> 　나운규는 영화 '아리랑'을 제작하고 직접 출연까지 했어요. 독립군으로 활동했던 그는 나라 잃은 아픔을 영화 속에 담았지요. 이를 본 많은 사람들은 깊은 감동을 받았어요.

> 보기　㉠ 독립군 활동
> 　　　㉡ 어린이날 제정
> 　　　㉢ 영화 '아리랑' 제작 및 출연

(　　　　　　　)

4 주 3 일

로빈아! 이제 **구조도의 빈칸**만 채우면
나운규 이야기는 확실히 알고 넘어가는 거야! 할 수 있지?

요약 정리

다음 보기 중 구조도의 빈칸에 들어갈 알맞은 어휘를 고르세요.

보기   배우   독립군   나운규   아리랑

☐☐☐ → 독립운동 참여 → ☐☐의 길 → 항일 영화 제작

☐☐☐에 들어가   극단을 방문한 이후   영화 '☐☐☐'을
독립운동을 함.   배우가 됨.   제작함.

19

일본의 심장에 폭탄을 던지다
이봉창

1900년
이봉창 출생

1932년
도쿄에서 일왕을 향해
폭탄 투척

1932년
이봉창 사망

설쌤 강의 보기

어휘 미리보기

무시

다른 사람을 얕보거나 하찮게 여김.

철도

기차나 전차 등이 다니는 쇠로 만든 길.

습관

오랫동안 되풀이하는 과정에서 저절로 익혀진 행동 방식.

본격적

모습을 제대로 갖추고 적극적으로 이루어지는 것.

다행

뜻밖에 일이 잘되어 운이 좋음.

의거

정의를 위하여 개인이나 집단이 옳은 일을 일으킴.

어휘 사용하기

온달아, 아버지께서 외국으로 출장 가셨다며?

응, 철도 관련된 일을 하시는데 외국에서 큰 행사가 있나 봐.

우아! 대단하시다~

그런데 온달이 너, 아버지께서 깨워 줘야 일어나는 습관이 있잖아!

맞아……. 그래도 다행히 이번 주말에 돌아오셔.

이봉창은 일본의 심장인 도쿄에서 **일왕에게 폭탄을 던졌어.**
그는 왜 이러한 의거를 일으켰을까?

조선인 차별 이봉창은 어린 시절에 집안이 가난하여 여러 가지 일을 하며 자랐어. 누구보다 성실하게 일했지만, 단지 조선인이라는 이유로 일본인들로부터 차별을 당했지. 특히 과자 가게에서 일을 할 때 일본인 사장으로부터 무시를 받았어.

"열심히 일을 해 봤자 '조센징'이지. 조선 놈은 그저 부려먹어야 해."

'조센징'은 일제 강점기에 일본 사람들이 '조선인'을 낮잡아 부르는 말이었어. 이후 이봉창은 철도 회사에 취직했어. 하지만 또다시 조선인이라는 이유로 괴롭힘을 당했지. 이후 이봉창은 일본으로 건너가 여러 일을 하며 살았어. 이름도 습관도 모두 일본식으로 바꾸며 살아갔지. 하지만 일본에서 직접 차별을 경험하면서 독립운동에 함께하기로 마음먹었어.

한인 애국단 가입과 의거 이봉창은 본격적으로 독립운동에 참여하기 위해 움직였어.

"그래 중국 상하이에 있는 대한민국 임시 정부로 가자!"

하지만 임시 정부 사람들이 보기에 이봉창은 일본인처럼 느껴졌어. 이때 김구가 이봉창을 알아보았지.

⬆ 이봉창

"많은 차별이 자네를 일본인으로 만들었군. 그래도 조선인으로 돌아와서 다행이네. 그런데 자네가 일왕을 죽일 수 있다고?"

"그렇습니다. 저는 몇 번 일왕 가까운 곳까지 갔었습니다. 저에게 폭탄을 주십시오!"

결국 김구는 이봉창에게 폭탄을 주었고, 이봉창은 일본으로 건너가 일왕에게 폭탄을 던졌어. 비록 그의 의거는 실패로 끝났지만 그는 마지막까지 조선인으로 남을 수 있었지. 😊

로빈아! 설쌤과 함께 읽어본 이봉창 이야기 재밌었지?
제대로 읽고 이해했는지 **문제**를 통해 같이 **확인**해 보자!

왈왈!

① 다음 뜻풀이에 알맞은 낱말을 보기에서 골라 쓰세요.

어휘력

> 보기   의거   철도   무시

(1) 다른 사람을 얕보거나 하찮게 여김. ( )

(2) 기차나 전차 등이 다니는 쇠로 만든 길. ( )

(3) 정의를 위하여 개인이나 집단이 옳은 일을 일으킴. ( )

② 이야기의 내용으로 알맞은 것은 O에 표시하고, 그렇지 <u>않은</u> 것은 X에 표시하세요.

내용
이해

(1) 이봉창은 독립운동에 참여하기 위해 임시 정부로 갔습니다. (O / X)

(2) 김구는 이봉창을 일본인이라고 생각하여 받아 주지 않았습니다. (O / X)

(3) 이봉창은 일왕에게 폭탄을 던졌습니다. (O / X)

③ 다음 글을 읽고 이봉창이 한 일을 고르세요. ( )

사고력

> 독립운동을 하기로 마음먹은 이봉창은 김구가 만든 항일 단체인 한인 애국단에 가입했어요. 그리고 일왕을 죽이겠다는 자신의 계획을 밝혔지요. 그러자 김구는 의거를 위한 자금을 모아 주고 폭탄을 구해 주었어요. 결국 이봉창은 일왕에게 폭탄을 던졌어요. 폭탄은 일왕을 빗나갔지만, 이봉창은 마지막까지 '대한 독립 만세'를 외쳤어요.

① 임시 정부를 만들었습니다.

② 한인 애국단을 만들었습니다.

③ 일왕에게 폭탄을 던졌습니다.

④ 의거를 위한 자금을 모았습니다.

⑤ 외국으로 나가 폭탄을 구해 왔습니다.

로빈아! 이제 **구조도의 빈칸**만 채우면
이봉창 이야기는 확실히 알고 넘어가는 거야! 할 수 있지?

왈왈!

4 다음 보기 중 구조도의 빈칸에 들어갈 알맞은 어휘를 고르세요.

요약
정리

보기   일본   조선   일왕   한인   이봉창

□□□

↓

일본인이 되기 위한 노력

일본으로 건너가 □□인으로 살기 위해 이름과 습관까지 완전한 일본인으로 바꿈.

↓

깨달음

아무리 노력해도 자신이 어쩔 수 없는 □□인임을 깨닫고 독립운동에 나서기로 함.

↓

□□ 애국단 가입과 의거

□□에게 폭탄을 던졌으나 실패함.

20

세계를 놀라게 한 폭탄 의거
윤봉길

1908년	1932년	1932년
윤봉길 출생	상하이 훙커우 공원 의거	윤봉길 사망

어휘 미리보기

소 식
멀리 떨어져 있는 사람의 사정을 알리는 말이나 글.

의 사
의로운 뜻을 품고 일어난 애국자.

행 사
어떤 일을 시행함. 또는 그 일.

장 군
군의 우두머리로 군을 지휘하고 통솔하는 무관.

침 착
행동이 들뜨지 아니하고 차분함.

국 가
나라를 대표하고 상징하는 노래.

어휘 사용하기

평강아, 일제 강점기에 독립운동에 힘썼던 분들을 '의사'라고 부른대. 알고 있었어?

응. 알고 있었지.

온달이도 안중근 **의사**, 윤봉길 **의사**, 이봉창 **의사** 들어 봤지?

응, 윤봉길 **의사**는 일본 **장군**들이 모인 **행사**에 폭탄을 던진 분이잖아!

맞아. 엄청 떨렸을 텐데. 독립을 위해서 **침착**하게 임무를 완수하고 희생한 모습이 정말 감동적이야.

이봉창의 의거가 실패로 끝나고, 이번에는 **윤봉길**이 나섰어.
윤봉길은 어떤 **의거** 활동을 했을까?

이봉창 의거 소식 이봉창이 일왕에게 폭탄을 던졌다는 소식이 중국 상하이에 퍼졌어. 당시 이 소식을 들은 윤봉길은 대한민국 임시 정부의 지도자인 김구를 찾아갔어.

"선생님, 저도 이봉창 의사처럼 우리 민족의 독립에 힘을 보태고 싶습니다."

"이봉창 의사의 일로 일본인들이 화가 많이 나 있습니다. 좋은 기회가 곧 있을 것이니 조금만 기다립시다."

한편, 일본은 일왕의 생일을 축하하고 자신들이 상하이를 차지한 것을 기념하기 위해 행사를 열기로 했지. 이 행사에는 일본군 장군들과 일본의 높은 관리들이 참여하기로 했어. 이를 들은 김구는 때가 되었다고 생각했지. 그는 윤봉길을 불렀어.

⬆ 윤봉길

훙커우 의거 드디어 의거 날 아침이 밝았어. 김구와 윤봉길은 함께 식사를 했지. 윤봉길은 두려움에 떨기보다는 침착하게 식사를 했어. 김구는 이 모습을 보고 감동했지.

이어 식사를 마친 윤봉길이 김구에게 말했어.

"선생님, 제 시계는 6원짜리인데, 선생님의 시계는 2원짜리입니다. 저에게는 이제 1시간밖에 남지 않았습니다. 저와 시계를 바꾸시죠."

김구는 목멘 소리로 윤봉길에게 마지막 인사를 전했어.

"윤봉길 군, 지하에서 다시 만납시다."

윤봉길은 도시락 모양의 폭탄과 물통 모양의 폭탄을 가지고 행사장에 들어갔어. 그는 기다렸다가 일본인들이 일본 국가를 부를 때 폭탄을 던졌지. 그 순간 아주 큰 소리가 나면서 여러 명의 일본인들이 쓰러졌어. 윤봉길은 바로 붙잡히고 말았지만, 의거는 성공적이었어. 이를 계기로 중국이 대한민국 임시 정부를 돕게 되었거든. 😊

로빈아! 설쌤과 함께 읽어본 윤봉길 이야기 재밌었지?
제대로 읽고 이해했는지 **문제**를 통해 같이 **확인**해 보자!

왈왈!

1 다음 낱말과 뜻풀이가 바르게 짝 지어진 것은 O에 표시하고, 그렇지 않은 것은 X에 표시하세요.

어휘력

(1) 소식 – 멀리 떨어져 있는 사람의 사정을 알리는 말이나 글. (O / X)

(2) 의사 – 군의 우두머리로 군을 지휘하고 통솔하는 무관. (O / X)

(3) 국가 – 나라를 대표하고 상징하는 노래. (O / X)

2 이야기에서 일이 일어난 순서대로 기호를 쓰세요.

내용
이해

㉠ 이봉창이 일왕에게 폭탄을 던졌습니다.

㉡ 윤봉길은 일본의 기념 행사에 찾아가 폭탄을 던졌습니다.

㉢ 윤봉길의 의거를 계기로, 중국이 대한민국 임시 정부를 도왔습니다.

㉣ 윤봉길이 김구를 찾아가 독립운동에 힘을 보태고 싶다는 뜻을 밝혔습니다.

( ) – ( ) – ( ) – ( )

3 다음 글을 읽고, 내용을 알맞게 말하지 **못한** 친구의 이름을 쓰세요.

사고력

윤봉길은 나라를 되찾기 위해 교육으로 힘을 키워야 한다고 생각했어요. 그러나 일본의 만행이 점점 심해지자 그는 나라를 위해 목숨을 바치기로 결심했지요. 그래서 김구를 찾아가 독립운동에 참여했어요. 윤봉길은 도시락 모양과 물통 모양의 폭탄을 들고 일본의 기념 행사에 찾아가 폭탄을 던졌어요. 이로 인해 많은 일본 장군들과 관리들이 목숨을 잃었어요.

선주: 윤봉길은 일본의 기념 행사에 폭탄을 던졌습니다.
은비: 독립운동을 하겠다고 마음먹은 윤봉길은 김구를 찾아갔습니다.
유리: 윤봉길은 끝까지 교육으로 나라를 되찾아야 한다고 생각했습니다.

( )

왈왈!

로빈아! 이제 **구조도의 빈칸**만 채우면
윤봉길 이야기는 확실히 알고 넘어가는 거야! 할 수 있지?

4

요약
정리

다음 **보기** 중 구조도의 빈칸에 들어갈 알맞은 어휘를 고르세요.

| 보기 | 물통 | 시계 | 윤봉길 | 훙커우 |

| ⬜⬜⬜ | ⇄ | 김구 |

이봉창 의거 소식을 듣고 김구를 찾아감.

⬜⬜을/를 교환함.

⬇

⬜⬜⬜ **공원 의거**

• 도시락 폭탄과 ⬜⬜ 폭탄으로 의거에 성공함.
• 이후 중국이 대한민국 임시 정부를 돕게 됨.

" 조국의 독립을 위해 온 몸을 바친 두 인물 "

김구가 대한민국 임시 정부의 위기를
극복하고자 만든 한인 애국단에 첫 번째로 가입한
사람이 바로 이봉창이야. 이봉창은 "인생의 목적이
쾌락이라면 31년 동안 맛보았고, 이제는 영원한
쾌락을 꿈꾼다."라며 당당히 의거를 일으켰어.
그의 의거는 비록 실패했지만, 일왕에게
폭탄을 던져 일본에 충격을 주었대.

이봉창

출생	1900년
사망	1932년
한 줄 요약	일왕 폭탄 투척 의거
연관 키워드	한인 애국단 1호 단원 수류탄 투척 일왕 암살 시도

이봉창 과 윤봉길

이봉창의 의거 후 윤봉길이 다시 한 번 일본에 피해를 주기 위해 나섰어. 그는 "장부가 집을 나가니 살아 돌아오지 않는다."라고 하며 과거 자신이 했던 말을 지키고자 훙커우 공원에서 의거를 일으켰어. 윤봉길 의거를 계기로 중국인들이 우리 독립운동에 관심과 지원을 아끼지 않게 됐대.

윤봉길

출생	1908년
사망	1932년
한 줄 요약	중국 지도자를 감동시킨 인물
연관 키워드	한인 애국단 도시락·물통 폭탄 회중시계 훙커우 공원 의거

5주

1일

이중섭
한국 서양화의
중심

2일

이육사
죄수 번호로
이름을 바꾼
저항 시인

학습
계획

☐ 월 ☐ 일

☐ 월 ☐ 일

학습
확인

☆ ☆ ☆

☆ ☆ ☆

이번 주에 만날 인물 5명의 특징을
제목으로 먼저 살펴보자.

3 일

전형필
우리 문화유산
지킴이

☐월 ☐일

☆ ☆ ☆

4 일

이승만
대한민국
초대 대통령

☐월 ☐일

☆ ☆ ☆

5 일

장기려
한국의
슈바이처

☐월 ☐일

☆ ☆ ☆

21 한국 서양화의 중심
이중섭

1916년
이중섭 출생

1951년
이중섭 제주도로 피난

1956년
이중섭 사망

어휘 미리보기

화 가

그림을 전문적으로 그리는 사람.

먹

벼루에 물을 붓고 갈아서 글씨를 쓰거나 그림을 그릴 때 사용하는 검은 물감.

서 양 화

서양에서 발생하여 발달한 그림.

광 복

빼앗긴 주권을 도로 찾음.

공 산 주 의

재산의 공동 소유 및 분배를 중요하게 생각하는 사상.

유 엔 군

국제 연합에 소속된 회원국들의 군 병력으로 구성한 군대.

어휘 사용하기

온달아!
너 먹으로 그림 그려본 적 있어?

응! 학교에서 해 봤지.
근데 아무래도 우린 **서양화** 방식이 더 익숙한 것 같아.

맞아. 광복 후에 **서양화**를 그리는 사람들이 많아졌대. 특히 이중섭 **화가**가 유명하지.

엇! **공산주의**를 따르는 사람들이 그분한테 억지로 정치적인 그림을 그리게 했다고 들은 것 같아!

자유롭게 작품 활동을 하고 싶으셨을 텐데……. 많이 답답하셨을 거야!

이중섭은 근·현대를 대표하는 화가라고 할 수 있어.
시대의 아픔과 자신의 슬픔을 어떻게 그림으로 표현했는지 함께 알아보자.

한국 서양화의 중심 조선 시대까지만 해도 화가들은 붓과 먹으로 그리는 그림을 주로 그렸어. 그러다 근대에 이르러 서양화가 우리나라에 들어오게 되었지. 이때 이중섭이 우리나라의 서양화를 이끌었어. 이중섭의 그림은 특이했어. 그는 주로 '소'를 그렸지.

○ 이중섭의 「흰 소」

"소는 농사를 짓는 데 쓰이지. 그런데 소는 힘들어하기는커녕 묵묵히 자신의 일을 하고 있구나. 마치 부지런한 우리 민족을 보는 것 같아."

이중섭은 소를 주로 흰색으로 칠했는데, 이는 흰옷을 즐겨 입었던 우리 민족의 모습을 나타내는 것이라고 해.

비운의 화가 광복 후 이중섭이 살았던 곳은 삼팔선 이북이었어. 일본이 물러가자 이 지역에는 소련이 들어왔지.

그리고 공산주의를 따르는 사람들이 이중섭 집안의 재산을 빼앗아 갔어. 그러면서 이중섭에게 공산주의적인 그림을 그리라고 지시했지.

"자유롭게 그림을 그리던 옛날이 그립구나. 지금은 뭐 하나 자유롭게 그릴 수 없네."

이후 6·25 전쟁이 터지고, 유엔군이 북한으로 올라왔을 때 이중섭은 남한으로 넘어갔어. 하지만 그의 불행은 끝나지 않았어. 당시 이중섭은 지독하게 가난했거든. 그래서 그의 아내는 두 아들을 데리고 자신의 고향인 일본으로 돌아가 버렸어.

"아내와 자식들이 보고 싶구나. 하지만 나에게는 가족을 데리고 올 힘이 없다."

그렇게 이중섭은 어두운 시대 속에서 쓸쓸히 생을 마감하고 말았어.

로빈아! 설쌤과 함께 읽어본 이중섭 이야기 재밌었지?
제대로 읽고 이해했는지 **문제**를 통해 같이 **확인**해 보자!

왈왈!

① 다음 뜻풀이에 알맞은 낱말을 보기 에서 골라 쓰세요.

어휘력

> **보기**   광복   유엔군   공산주의

(1) 재산의 공동 소유 및 분배를 중요하게 생각하는 사상.   (   )

(2) 빼앗긴 주권을 도로 찾음.   (   )

(3) 국제 연합에 소속된 회원국들의 군 병력으로 구성한 군대.   (   )

② 이중섭이 소를 주로 흰색으로 칠한 까닭을 알맞게 말한 친구의 이름을 쓰세요.

내용
이해

> 주현: 서양화에서는 주로 흰색을 사용하기 때문입니다.
>
> 영우: 가족을 다시 데려올 수 없는 슬픔을 표현하기 위해서입니다.
>
> 미나: 흰옷을 즐겨 입던 우리 민족의 모습을 나타내기 위해서입니다.

(   )

③ 다음 글을 읽고 표의 빈칸에 들어갈 알맞은 낱말을 쓰세요.

사고력

> 이중섭은 소, 어린이, 가족을 주제로 한 그림을 많이 그렸어요. 힘차고 굵은 선
> 으로 단순한 형태의 그림을 그리는 것도 그의 특징이었지요. 또한 종이를 구하기가
> 어려워지자, 담뱃갑의 은종이를 송곳으로 긁어 그림을 그리기도 했어요.

이중섭이 주로 그린 것	소, 어린이, (1) ☐☐
이중섭 그림의 특징	힘차고 (2) ☐☐☐ (으)로 그린 단순한 형태의 그림

왈왈!

로빈아! 이제 **구조도의 빈칸**만 채우면
이중섭 이야기는 확실히 알고 넘어가는 거야! 할 수 있지?

4 다음 **보기** 중 구조도의 빈칸에 들어갈 알맞은 어휘를 고르세요.

요약
정리

보기　　　　　　　소　　　　　서양화　　　　　이중섭

■■■

한국 ☐☐☐의 중심

우리 민족을 상징하는
흰 ☐를 그림.

비운의 화가

• 공산주의를 따르는 사람들이 이중섭 집
의 재산을 빼앗음.

• 가난으로 인해 아내와 두 아들과 이별함.

• 쓸쓸하게 생을 마감함.

22

죄수 번호로 이름을 바꾼 저항 시인
이육사

1904년
이육사 출생

1930년
문단 활동 시작

1944년
이육사 사망

어휘 미리보기

무 자 비
인정이 없이 냉혹하고 모짊.

의 열 단
중국 만주에서 김원봉 등이 조직한 항일 독립운동 단체.

제 거
없애 버림.

잔 인
인정이 없고 아주 매섭고 독함.

통 치
나라나 지역을 도맡아 다스림.

한 국 광 복 군
일제 강점기에 중국에서 대한민국 임시 정부가 독립을 위해 조직한 군대.

어휘 사용하기

평강아!
오늘은 일제 강점기 **잔인한** **통치**의 상징이었던 서대문 형무소를 다녀왔어.

굉장히 의미가 있었겠구나!

그곳에 들어간 우리 독립운동가들은 일본의 **무자비**한 고문을 받았대.

우리 독립운동가들이 그냥 당하고만 있지는 않았을 텐데?

물론이야. 특히 **의열단**의 경우 일본의 중요 인물을 **제거**하려고 했고, **한국광복군**은 일본군과의 큰 싸움을 준비했어.

이육사는 그의 원래 이름이 아니라 감옥에 있을 때의 죄수 번호였어.
좋은 시를 많이 쓴 문학가로 알려져 있지만 실제로 그는 **독립운동가**였대.

⬆ 이육사

의열단 참여 일본의 무자비한 통치에 맞서 우리 민족은 3·1 운동을 일으켰어. 이후 우리 민족의 독립운동이 활발하게 이루어졌지. 이때 만들어진 단체가 **의열단**이야. 의열단은 일본과 큰 싸움을 벌이기보다는 일본의 경찰, 군인, 정치인 등 주요 인물을 제거하는 활동을 했어. 여기에 이육사도 참여했지. 그러던 어느 날, 폭탄이 터져 일본 경찰이 크게 다쳤어. 일본 경찰은 독립운동가로 의심되는 사람들을 닥치는 대로 잡아들여 **잔인하게** 고문했지.

"이원록(이육사)! 범인은 네놈 아니냐! 사실대로 말해라!"

"아닙니다. 나는 모르는 일이오!"

결국 이육사는 감옥에 갇히게 되었고, 나중에 자신의 이름을 죄수 번호(264)였던 '이육사'로 바꾸었어.

감옥에서의 마지막 이후에 이육사는 풀려났다가 갇히기를 무려 17번이나 반복했어. 그가 감옥에 갇혀 독립운동을 하지 못할 때면, 여러 편의 시를 써서 일본의 **통치**가 잘못되었음을 알렸지. 하지만 우리 민족을 일본인으로 만드는 '민족 말살 통치'가 시작되면서 그마저도 어려워졌어.

"이제는 우리말로 글을 쓰는 것도 일본의 눈치를 봐야 하다니! 대한민국 임시 정부가 **한국광복군**을 만들었다고 하니 그곳에 가서 일본과 싸울 방법을 찾아야겠다."

하지만 이육사는 그만 일본 경찰에 붙잡혀, 중국에 있는 일본군의 감옥으로 보내졌어. 이육사는 힘들게 지냈지. 결국 그는 우리나라가 광복되기 1년 전에 안타깝게 생을 마감했어. 🧑

로빈아! 설쌤과 함께 읽어본 이육사 이야기 재밌었지?
제대로 읽고 이해했는지 **문제**를 통해 같이 **확인**해 보자!

왈왈!

1 다음 낱말에 알맞은 뜻풀이를 **보기**에서 골라 기호를 쓰세요.

어휘력

> **보기** ㉠ 없애 버림.
> ㉡ 나라나 지역을 도맡아 다스림.
> ㉢ 인정이 없이 냉혹하고 모짊.

(1) 무자비 (   )   (2) 통치 (   )   (3) 제거 (   )

2 이야기의 내용으로 알맞은 것은 O에 표시하고, 그렇지 <u>않은</u> 것은 X에 표시하세요.

내용
이해

(1) '이육사'라는 이름은 이육사의 실제 이름입니다.   (O / X)

(2) 이육사는 여러 편의 시를 써서 일본이 잘못했음을 알렸습니다.   (O / X)

(3) 이육사는 한국광복군에 들어가려 했지만 일본 경찰에 붙잡혔습니다.   (O / X)

3 다음 글을 읽고, 대한 내용을 알맞게 말하지 <u>못한</u> 친구의 이름을 쓰세요.

사고력

> 이육사는 「광야」, 「절정」, 「청포도」 같이 나라를 사랑하는 마음을 담은 시를 썼어
> 요. 그의 시에는 독립에 대한 의지가 담겨 있어요. 하지만 이를 직설적으로 표현하
> 기보다는 비유적 표현을 통해 나타냈지요. 이육사는 마지막까지 민족정신을 지키
> 며 시를 통해 일본에 맞섰어요.

> 연수: 이육사는 마지막까지 시를 통해 일본에 맞섰습니다.
> 민재: 이육사의 시는 직설적으로 독립에 대한 의지를 나타냈습니다.
> 은서: 이육사의 시로는 「광야」, 「절정」, 「청포도」 등이 있습니다.

(   )

로빈아! 이제 **구조도의 빈칸**만 채우면
이육사 이야기는 확실히 알고 넘어가는 거야! 할 수 있지?

왈왈!

4

요약
정리

다음 (보기) 중 구조도의 빈칸에 들어갈 알맞은 어휘를 고르세요.

보기   이육사   의열단

	□□□ **참여**
	폭탄이 터져 일본 경찰이 다치는 사건이 벌어지자 범인으로 지목됨.
이원록	□□□**(으)로 이름을 바꿈.**
	이름을 죄수 번호로 바꿈.
	감옥에서 사망

• 감옥에서 여러 편의 시를 써서 일본의 통치가 잘못되었음을 알림.
• 광복 1년 전 감옥에서 생을 마감함.

22 이육사   **113**

23 우리 문화유산 지킴이 전형필

1906년
전형필 출생

1940년
'훈민정음 해례본' 발견

1962년
전형필 사망

어휘 미리보기

문화유산
문화적인 가치가 높아 후손들에게 물려줄 필요가 있는 문화적 산물.

소중
매우 귀중함.

가격
물건이 지니고 있는 가치를 돈으로 나타낸 것.

수고비
수고한 대가로 받는 돈.

짐작
사정이나 형편 등을 어림잡아 생각함.

보존
잘 보호하고 간수하여 남김.

어휘 사용하기

온달아. 너 전형필 선생님이라고 들어 봤니?

어! 나 알아!
일제 강점기 때 우리 **문화유산**을 지키기 위해 노력하신 분이잖아!

와~ 맞아! 온달이 한국사 실력이 정말 많이 늘었구나.

그것들은 **가격**을 매길 수 없을 만큼 **소중**한 우리나라의 유산들이지.

맞아. 우리 모두가 그 문화유산을 잘 **보존**해야 한다고 생각해.

전형필은 우리가 나라를 빼앗기고, 많은 문화유산을 잃어버렸을 때 자신이 직접 나서서 **문화유산을 되찾고 지킨 사람**이야.

문화유산에 대한 관심 우리나라가 많은 문화유산을 남길 수 있던 것은 전형필의 도움이 컸어. 전형필은 문화유산을 보는 눈이 남달랐지.

"문화유산이란 단순히 오래된 것이 아니다. 우리 민족의 정신이 담긴 것이다."

특히 전형필은 오세창이라는 독립운동가와 만나면서 문화유산의 소중함을 더욱 깨닫게 되었고, 이를 지켜야겠다고 다짐했지.

문화유산 수집 외국인들이 문화유산을 빼앗아 가는 것을 막기 위해 전형필은 자신이 직접 문화유산을 사 버렸어. 낮은 가격이 아니었지만, 전형필은 할아버지 때부터 이어져 온 부자였기 때문에 가능했지.

어느 날, 조선 세종 때 만들어진 '훈민정음 해례본'이 발견되었어. 소식을 들은 전형필은 바로 그것을 사러 갔지.

"주인장, 만 원을 줄 테니 천 원은 수고비로 받으시오."

"아니, 책값이 천 원인데 만 원을 준다고요?"

"이 책은 만 원 이상의 가치를 가진 보물이라오."

이때는 기와집 한 채가 천 원이었다고 해. 전형필이 '훈민정음 해례본'을 위해 얼마나 큰돈을 썼는지 짐작이 가지?

이렇게 전형필은 '훈민정음 해례본'을 얻게 되었어. 6·25 전쟁 때는 이것을 잃어버릴까 봐 가슴 속에 품고, 밤에는 베개에 넣고 잤다고 해.

간송 미술관 전형필은 이렇게 자신이 모은 문화유산을 보존할 곳이 필요했어. 그래서 '빛나는 보물을 모아둔 집'이라는 뜻의 '보화각'을 세웠어. 보화각은 우리나라 최초의 사립 미술관이야. 전형필이 죽은 뒤에는 '간송 미술관'이라는 이름으로 바뀌었어. 현재 간송 미술관에는 삼국 시대부터 조선 시대까지의 문화유산들이 보관되어 있지.

 로빈아! 설쌤과 함께 읽어본 전형필 이야기 재밌었지?
제대로 읽고 이해했는지 **문제**를 통해 같이 **확인**해 보자!

왈왈!

1 다음 낱말과 뜻풀이를 알맞게 선으로 이으세요.

어휘력

(1) 문화유산 •　　　　• ㉠ 물건을 맡아서 간직하고 관리함.

(2) 수고비 •　　　　• ㉡ 수고한 대가로 받는 돈.

(3) 보관 •　　　　• ㉢ 문화적인 가치가 높아 후손들에게 물려줄 필요가 있는 문화적 산물.

2 이야기의 내용으로 알맞지 <u>않은</u> 것을 에서 골라 기호를 쓰세요.

내용
이해

> **보기**　㉠ 보화각은 우리나라 최초의 사립 미술관입니다.
> ㉡ 전형필은 '훈민정음 해례본'을 결국 얻지 못했습니다.
> ㉢ 보화각의 이름은 나중에 '간송 미술관'으로 바뀌었습니다.

(　　　　　　　　)

3 다음 글을 읽고 빈칸에 들어갈 알맞은 말을 찾아 쓰세요.

사고력

> 일제 강점기, 전형필은 큰돈을 주고 낡은 그릇, 낡은 그림, 낡은 책들을 사들였어요. 그러던 어느 날 서울에 '보화각'이라는 우리나라 최초의 사립 박물관이 문을 열었지요. 바로 전형필이 모은 물건들을 보관한 곳이었어요. 그곳에는 '훈민정음 해례본', 고려청자, 김홍도와 신윤복의 그림 등 많은 문화유산들이 있었어요. 그는 오래된 우리의 물건들을 지킴으로써 우리의 문화와 역사를 지킨 것이었지요.

→ 전형필은 우리나라의 ☐☐☐☐ 을/를 모으고 지킴으로써 우리나라의 문화와 역사를 지켰습니다.

로빈아! 이제 **구조도의 빈칸**만 채우면
전형필 이야기는 확실히 알고 넘어가는 거야! 할 수 있지?

왈왈!

4 다음 보기 중 구조도의 빈칸에 들어갈 알맞은 어휘를 고르세요.

요약
정리

| 보기 | 간송 | 전형필 | 해례본 |

□ □ □

문화유산에 대한 관심	문화유산 수집	문화유산의 보존
독립운동가 오세창과의 만남을 통해 문화유산의 소중함을 깨달음.	훈민정음 □□□ 등 다양한 문화유산을 수집함.	□□ 미술관 건립 → 자신이 모은 문화유산을 보관하고자 건립함.

24 대한민국 초대 대통령 이승만

설쌤 강의 보기

1948년
대한민국 제1대 대통령 취임

1960년
4·19 혁명

1965년
이승만 사망

어휘 미리보기

훗 날
시간이 지나 뒤에 올 날.

이 념
이상적인 것으로 여겨지는 생각이나 견해.

국 회
국민의 대표로 구성된 나라의 법을 만드는 기관.

초 대
어떤 자리나 지위가 이어질 때 그 첫 번째.

독 재 자
나라의 모든 권력을 가진 채 마음대로 정치를 하는 사람.

선 거
나라를 비롯한 집단의 대표자를 뽑는 일.

어휘 사용하기

온달아. 우리나라 **초대** 대통령이 누군지 아니?

이제 그 정도는 너무 쉽지!
이승만 대통령이잖아!
독립운동도 열심히 하신 분이라고 들었어.

그런데 대통령이 되고 나서는 독재와 부정 **선거** 때문에 국민들이 격렬하게 저항했다고 해.

맞아! **독재자**가 나타나선 절대 안 되지!
훗날에도 우리나라는 민주주의 **이념**을 잘 지켜 나가겠지?

그럼! 당연하지!

이승만은 독립운동가이자 대한민국의 초대 대통령을 지낸 사람이야.
하지만 그는 4·19혁명으로 인해 물러나게 되었지.

독립운동 이승만은 일본의 침략으로 우리나라의 힘이 약해져 가자 나라를 살리기 위해 여러 활동에 참여했어. 이후 일본이 우리나라를 완전히 삼키면서 독립운동에 뛰어들었지. 그가 향한 곳은 미국이었어.

"힘으로써 일본의 군대를 물리칠 수는 있으나, 일본이란 나라를 이길 수는 없다. 우리가 독립을 이루려면 미국 같은 나라와 외교를 잘해야 한다."

이승만은 미국 워싱턴에 '구미 위원부'라는 외교 기관을 설치했지. 그리고 미국의 정치인을 만나 우리의 독립을 도와달라고 했어.

"나는 대한민국 임시 정부의 구미 위원부를 이끄는 이승만이라 하오. 우리나라를 독립된 나라로 인정해 주시오."

이때 미국은 이승만의 말을 듣지 않았어. 하지만 훗날 이승만이 미국과 일본 사이에 전쟁이 날 것을 예측하자 미국은 그를 믿게 되었지.

⬆ 이승만

초대 대통령이자 독재자 드디어 우리는 35년 만에 일본의 지배로부터 벗어났어. 그러나 광복 후 이념 차이로 인해 남북으로 나뉘어 심하게 싸웠지. 또한 남북에 들어온 미국과 소련의 사이가 안 좋아지면서 통일된 나라를 만드는 것이 어렵게 되었어.

"통일이 어렵다면 남한만의 나라를 만들어야 합니다."

이승만의 말대로 남북은 통일은커녕 각자 자신들만의 나라를 만들 준비를 했어. 결국 이승만은 남한의 국회에서 초대 대통령으로 뽑혔지.

"나는 이 나라를 세운 대통령이다. 내가 없으면 안 돼!"

이승만은 6·25 전쟁을 거치면서 점점 독재자로 변해 갔어. 대통령을 오래 하기 위해 마음대로 법을 고치고, 심지어 옳지 못한 선거까지 저질렀지. 결국 참지 못한 국민들은 4·19 혁명을 일으켰고, 이승만은 대통령 자리에서 내려왔어.

왈왈!

로빈아! 설쌤과 함께 읽어본 이승만 이야기 재밌었지?
제대로 읽고 이해했는지 **문제**를 통해 같이 **확인**해 보자!

어휘력

다음 낱말과 뜻풀이가 바르게 짝 지어진 것은 O에 표시하고, 그렇지 <u>않은</u> 것은 X에 표시하세요.

(1) 국회 – 국민의 대표로 구성된 나라의 법을 만드는 기관.　　　　　　(O / X)

(2) 이념 – 나라를 비롯한 집단의 대표자를 뽑는 일.　　　　　　　　(O / X)

(3) 독재자 – 나라의 모든 권력을 가진 채 마음대로 정치를 하는 사람.　(O / X)

내용
이해

이야기의 내용으로 알맞지 <u>않은</u> 것은 무엇입니까?　　　　　　(　　　　)

① 이승만은 우리나라의 초대 대통령이 되었습니다.

② 이승만은 4 · 19 혁명으로 인해 대통령에서 물러났습니다.

③ 이승만은 끝까지 통일된 나라를 세워야 한다고 주장했습니다.

④ 이승만은 독재자가 되어 법을 고치고 잘못된 선거를 치렀습니다.

⑤ 이승만은 독립을 위해서는 미국 같은 나라와 외교를 잘해야 한다고 생각했습니다.

사고력

다음 글을 읽고, 일이 일어난 순서대로 기호를 쓰시오.

　　광복 이후, 우리나라는 남북으로 나뉘어 각각의 나라를 세웠어요. 남한의 국회에서는 이승만이 초대 대통령으로 뽑혔지요. 이승만은 6 · 25 전쟁 중 헌법을 바꾸어 다시 대통령이 되었고, 다시 법을 바꾸어 세 번째로 대통령이 되었어요. 이후 부정 선거에 분노한 국민들이 4 · 19 혁명을 일으켰고, 이승만은 결국 대통령 자리에서 물러났어요.

　　㉠ 이승만은 세 번째로 대통령에 뽑혔습니다.
　　㉡ 남한의 국회에서 이승만이 대통령으로 뽑혔습니다.
　　㉢ 부정 선거에 분노한 국민들이 4 · 19 혁명을 일으켰습니다.
　　㉣ 이승만은 6 · 25 전쟁 중 법을 바꾸어 다시 대통령이 되었습니다.

(　　　　) – (　　　　) – (　　　　) – (　　　　)

왈왈!

로빈아! 이제 **구조도의 빈칸**만 채우면
이승만 이야기는 확실히 알고 넘어가는 거야! 할 수 있지?

4 다음 보기 중 구조도의 빈칸에 들어갈 알맞은 어휘를 고르세요.

요약
정리

보기   대통령   이승만   위원부   4·19 혁명

```
                    ┌─────────┐
                    │ ■ ■ ■   │
                    └────┬────┘
         ┌───────────────┼───────────────────┐
```

독립운동	대한민국 정부의 초대 ■■■	독재 → 스스로 물러남.
대한민국 임시 정부가 만든 구미 ■■■에서 활동함.	광복 이후 대한민국의 초대 ■■■에 임명됨.	■·■■ ■■으로 인해 물러남.

25

한국의 슈바이처
장기려

1911년
장기려 출생

1968년
청십자 의료보험 조합 창설

1995년
장기려 사망

어휘 미리보기

의 사
일정한 자격을 가지고 병을 고치는 것을 직업으로 하는 사람.

집 중
한 가지 일에 모든 힘을 쏟아 부음.

치 료
병이나 상처 따위를 잘 다스려 낫게 함.

보 험
손해를 물어 준다거나 일이 확실하게 이루어진다는 보증.

도 입
기술, 방법, 물자 따위를 끌어 들임.

후 배
같은 학교를 나중에 나온 사람.

어휘 사용하기

오늘따라 이가 너무 아프네. 치과에 가서 **의사** 선생님께 **치료**를 좀 받아야 할 것 같아.

너 또 군것질 잔뜩 하고 양치질을 제대로 안 했구나!

응…….
그런데 요즘 치과에 새로 **도입**된 기계들이 너무 무섭게 생겼던데.

그래도 **치료** 받는 것에만 **집중**하자!

병원에 늦게 갈수록 더 아픈 **치료**를 받을지도 모르잖아!

장기려는 가난하여 치료받지 못하는 사람들에게 도움을 준 사람이야.
그는 자신이 번 돈을 아픈 사람들의 치료를 위해 아낌없이 썼다고 해.

한국의 '슈바이처' 슈바이처가 누구인지 알아? 바로 가난하고 병든 사람을 위해 평생 자신의 모든 것을 바친 독일의 의사야. 그런데 그런 사람이 우리나라에도 있었어. 바로 장기려야.

장기려가 의사가 되었을 때, 많은 사람들은 그가 성공이 보장된 삶을 살 것이라고 생각했어. 그러나 그는 전혀 다른 생각을 했지.

"저는 이 세상의 아픈 사람들을 위해 제 모든 것을 바칠 생각입니다."

장기려는 환자가 많은 병원에 들어가 환자를 돌보는 데에 집중했어. 이후 6·25 전쟁이 터지자, 그는 굶주림과 병에 시달리는 환자들을 무료로 치료해 주었지.

청십자 설립 6·25 전쟁에서 그가 보여 준 모습에 많은 사람들은 감동을 받았어. 또한 장기려는 '청십자'라는 단체를 만들어 가난한 사람들이 건강한 삶을 살 수 있도록 했어. 그리고 돈이 없어 치료를 받지 못하는 환자를 돕기 위해 보험을 도입했지. 보험으로도 해결이 되지 않는 환자들이 치료비를 내지 못하면 자신의 돈으로 환자들의 치료비를 내 주기도 했어.

삶의 끝에서 장기려는 언제나 환자들 곁에서 아픔을 함께했어. 환자들을 돌보는 데 모든 것을 바친 나머지, 자신의 집 한 칸도 마련하지 않고 살았지. 어느덧 장기려는 환자를 돌볼 수가 없는 나이가 되었어. 후배들은 그가 머물 곳을 마련해 주었는데, 바로 병원 위에 있는 작은 옥탑방이었지.

"자네들, 나를 위해 살 집을 마련해 주고 정말 고맙네!"

그리고 얼마 후, 환자만을 위해 산 장기려를 하늘도 탐냈는지 하늘은 결국 그를 데려갔어. 🙂

로빈아! 설쌤과 함께 읽어본 장기려 이야기 재밌었지?
제대로 읽고 이해했는지 **문제를 통해** 같이 **확인해** 보자!

① 다음 빈칸에 알맞은 낱말을 (보기)에서 골라 쓰세요.

어휘력

(보기)　　　　치료　　　　의사　　　　집중

(1) 장기려는 ☐☐이/가 되어 많은 환자들의 병을 고쳐 주었습니다.

(2) 장기려는 자신의 성공보다 환자들을 치료하는 데 ☐☐했습니다.

(3) 장기려는 돈 없는 환자들도 ☐☐받을 수 있도록 노력했습니다.

② 이야기의 내용으로 알맞은 것은 O에 표시하고, 그렇지 <u>않은</u> 것은 X에 표시하세요.

내용
이해

(1) 6·25 전쟁 때, 장기려는 환자들을 무료로 치료해 주었습니다.　　(O / X)

(2) 장기려는 청십자라는 단체를 만들었습니다.　　(O / X)

(3) 청십자는 부자들을 위한 단체였습니다.　　(O / X)

③ 다음 글을 읽고, 내용을 알맞게 말하지 <u>못한</u> 친구의 이름을 쓰세요.

사고력

　장기려는 평생을 환자들을 위해 살았어요. 뿐만 아니라 당시 우리나라 외과 의사 중 가장 뛰어난 실력을 갖추고 있었지요. 장기려는 가난한 환자들을 위해 '청십자'라는 보험 조합을 만들었어요. 치료비가 없는 환자들에게는 자신의 돈으로 병원비를 내 주기도 했지요.

은수: 장기려는 자신의 성공과 돈을 위해 살았습니다.
다현: 장기려는 자신의 돈으로 환자들의 병원비를 내 주기도 했습니다.
미연: 장기려는 당시 우리나라 외과 의사 중 가장 뛰어난 실력을 갖고 있었습니다.

(　　　　　)

로빈아! 이제 **구조도의 빈칸**만 채우면
장기려 이야기는 확실히 알고 넘어가는 거야! 할 수 있지?

왈왈!

4 다음 보기 중 구조도의 빈칸에 들어갈 알맞은 어휘를 고르세요.

요약
정리

보기　　　　　　보험　　　　　청십자　　　　　장기려

□□□

한국의 슈바이처

6·25 전쟁이 터지자
굶주림과 병에 시달리는 환자들을 위해
무료로 치료를 해줌.

□□□ 설립

돈이 없어 치료를 받지 못하는
환자들을 위해 □□을/를 도입함.

생각 키우기

인물PLUS

"시를 통해 조국의 독립을 노래한 두 인물"

이육사는 시를 썼을 뿐만 아니라 자신이 직접 독립운동에 뛰어든 사람이야. 그는 일본에 의해 수십 차례 감옥에 갇히기를 반복하면서도, 결코 독립운동을 포기하지 않았대. 그래서 이육사는 자신의 시에서 민족 해방에 대한 확신과 결연한 독립 의지를 보여 주고자 노력했어.

이육사

출생	1904년
사망	1944년
한 줄 요약	민족 해방의 확신을 준 시인
연관 키워드	의열단 참여 「절정」 「광야」 「황혼」

이육사 와 윤동주

반면에 윤동주는 1945년 옥사하기 전까지 직접적으로 독립운동에 참여했다는 기록이 없다고 해. 이육사가 독립운동에 직접 뛰어든 것과 달리, 윤동주는 순수한 시인으로서 활동한 거지. 그렇다고 해서 윤동주가 잘못됐다는 말이 아니야. 윤동주는 자신의 시를 통해 많은 사람들에게 민족 문화와 독립 정신을 일깨워 주었거든.

윤동주	
출생	1917년
사망	1945년
한 줄 요약	무기력한 상황을 반성한 시인
연관 키워드	저항 시인 「서시」 「자화상」 「별 헤는 밤」

사진 출처 |

초등학생이 알아야 할 한국사 인물 100명!

설민석의 초등 한국사 독해

초등

4

정답과 도움말

▶ 설쌤의 다양한 한국사 동영상 특별 제공

설쌤이 들려주는 한국사
인물 이야기로 초등 독해력 완성

Dankkumi

✦ 초등학생이 알아야 할 한국사 인물 100명!

설민석의 초등 한국사 독해

정답과 도움말

단꿈ε

01 지석영
010~013쪽

❶ (1) ㉠ (2) ㉢ (3) ㉡

❷ (1) X (2) ○ (3) ○

도움말
(1) 지석영의 아버지는 양반이었지만 의학에 관심이 많아 중인 계급의 의원들과 가깝게 지냈습니다. 지석영의 아버지가 의원이었던 것은 아닙니다.

❸ 종두법, 천연두
지석영은 서양 의학 책에 나온 종두법을 배워, 천연두 치료에 큰 도움을 주었습니다.

❹

지석영	
의학 공부	한글 연구
종두법 도입 : 천연두 치료	고종 황제의 지원을 받음.

02 박은식
014~017쪽

❶ (1) 극복 (2) 형체 (3) 정신

❷ ④
박은식이 쓴 『한국통사』에는 일본에 의해 우리가 나라를 빼앗기는 과정이 담겨 있습니다.

❸ 민주
박은식은 나라를 빼앗긴 상황에서도 정신만 잃지 않으면 언제든 다시 일어날 수 있다고 말하며 민족정신을 강조했습니다. 또한 일본의 만행을 책으로 써 널리 알렸습니다.

❹

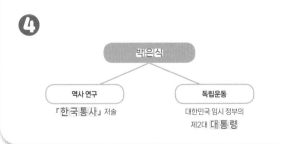

박은식	
역사 연구	독립운동
『한국통사』 저술	대한민국 임시 정부의 제2대 **대통령**

03 최재형

018~021쪽

① (1) ㉠ (2) ㉢ (3) ㉡

② ㉡

최재형 가족은 러시아로 건너간 이후에도 가난으로 고통받았습니다. 배고픔을 못 이겨 뛰쳐나온 최재형은 러시아인 선장을 따라 배를 타게 되었고, 상인으로 성장하였습니다. 부자가 된 최재형은 조국을 잊지 않고 조국의 독립을 위해 힘썼습니다.

③ 지호

최재형은 의병을 조직하여 일본에 대항하고 독립운동에 필요한 돈을 지원하며 독립운동에 큰 역할을 했습니다. 또한 아이들을 교육하는 데에도 앞장섰습니다.

④

```
            [최재형]
              │
            [출생]
        조선에서 태어남.
         │           │
  [러시아에서 성장]   [안중근 의거 지원]
  성실함과 끈기를      연해주에서 만난
  인정받고 부자가 됨.   안중근을 적극 지원함.
```

04 나철

022~025쪽

① (1) X (2) ○ (3) ○

도움말

(1) '강요'는 '억지로 또는 강제로 요구함.'이라는 뜻입니다. '관심을 가지고 주의 깊게 살핌.'은 '주목'의 뜻입니다.

② 미주

나철은 '자신회'를 만들어 을사오적을 처단하려 했지만, 일본의 방해로 실패하고 말았습니다.

③ ㉢

나철은 민족정신을 일깨우기 위해 대종교를 만들었습니다. 일본은 대종교를 탄압했지만, 나철이 죽고 난 후에도 대종교는 독립운동에 큰 영향을 주었습니다.

④

```
              [나철]
          │           │
   [자신회 조직]     [대종교 창시]
   을사늑약 체결을     단군을 믿는
   주도한 을사오적을    종교를 만듦.
   처단할 목적으로 결성함.
```

05 서재필
026~029쪽

1 (1) 의대 (2) 인재 (3) 개화

> **도움말**
>
> (1) 서재필은 의사가 되기 위해, 의학을 가르치는 학교에 들어갔다는 내용이므로, '의학을 가르쳐 의사를 양성하는 대학.'이라는 뜻의 '의대'가 들어가는 것이 알맞습니다.
>
> (2) 조선 정부가 개혁을 위해 훌륭한 능력이 있는 사람을 필요로 했다는 내용이므로, '어떤 일을 할 수 있는 지식이나 능력을 갖춘 사람.'이라는 뜻의 '인재'가 들어가는 것이 알맞습니다.
>
> (3) 새로운 제도를 받아들여 조선이 하루빨리 근대화를 이루어야 한다고 생각한 사람들이 있었다는 내용이므로, '새로운 사상이나 문물, 제도를 가지게 됨.'이라는 뜻의 '개화'가 들어가는 것이 알맞습니다.

2 (1) X (2) ○ (3) ○

> **도움말**
>
> (1) 서재필이 참여한 갑신정변은 청의 군대에 의해 3일 만에 실패하였습니다.

3 ④

『독립신문』은 서재필이 만든 우리나라 최초의 민간 신문으로, 한글과 영어로 쓰였습니다.

4

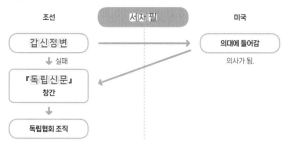

06 이회영
034~037쪽

1 (1) ㉠ (2) ㉢ (3) ㉡

2 주아

이회영은 성리학보다 서양의 학문이 더 중요하다고 생각하며 근대 학문을 공부했습니다.

3 독립

이회영과 형제들은 조선의 독립을 위해 전 재산을 팔아 독립운동에 힘썼습니다. 또한 신흥 강습소를 세워 많은 독립군을 길러 냈습니다.

4

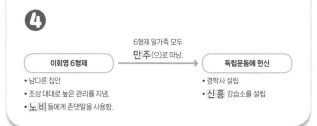

07 홍범도
038~041쪽

❶ (1) 포수 (2) 갈등 (3) 고전

❷ ㉡

일본이 백성들의 총을 거두어들이자 포수였던 홍범도는 이에 저항하며 의병 운동을 시작했습니다. 나라가 망하자, 홍범도는 독립군들과 함께 연해주로 넘어가 독립운동을 이어 나갔습니다. 그러나 소련은 일본과의 갈등을 걱정하여, 연해주의 독립군들을 강제 이주시켰습니다.

❸ ㉠ - ㉢ - ㉡ - ㉣

국내에서 의병 활동이 어려워지자(㉠), 홍범도는 러시아 연해주로 갔습니다(㉢). 홍범도는 봉오동 전투에서 첫 승리를 거두었고(㉡), 이후 김좌진과 청산리 전투에서 크게 승리했습니다(㉣).

❹

홍범도 → 포수 (호랑이를 잡는 포수가 됨.) → 독립군 (대한 독립군의 사령관이 되어 **봉오동** 전투에서 승리함.) → 강제 이주 (소련에 의해 중앙 **아시아**로 강제 이주를 당함.)

08 헐버트
042~045쪽

❶ (1) ㉡ (2) ㉠ (3) ㉢

❷ ⑤

헐버트는 한글을 매우 사랑해 한글을 직접 연구하고 띄어 쓰기를 도입하였습니다.

❸ 외교권

을사늑약으로 인해 조선이 외교권을 빼앗기자, 헐버트는 잡지를 만들어 일본의 만행을 폭로하였으며 고종에게 헤이그 특사를 보낼 것을 건의했습니다.

❹

헐버트

교사 생활	한글 사랑	헤이그 특사 파견 지원
근대식 학교 **육영 공원**의 교사로 활동함.	한글에 띄어쓰기를 도입함.	

09 김구
046~049쪽

❶ (1) ○ (2) X (3) X

> **도움말**
>
> (2) '분단'은 '본래 하나였던 것이 둘 이상으로 나누어 짐.'이라는 뜻입니다. '빼앗긴 나라의 주권을 되찾음.'은 '광복'의 뜻입니다.
> (3) '연합군'은 '전쟁에서 둘 이상의 나라가 연합하여 이룬 군대.'라는 뜻입니다. '드나드는 문을 지키는 사람.'은 '문지기'의 뜻입니다.

❷ ㉠

남북에서는 각자의 정부를 만들려고 했지만, 김구는 갈라진 정부를 세우는 것에 동의하지 않았습니다.

❸ ④

이승만이 남한만의 정부를 세우려고 하자, 이에 반대한 김구는 평양으로 가 북한과 협상을 벌였습니다.

❹

```
                    김구
    ┌─────────────┼─────────────┐
동학 의 지도자    독립운동    분단을 막기 위한 노력
해주에서       대한민국 임시 정부에서  북한의 지도자들과
동학 농민군의      활동함.      남북 협 상 을/를 함.
지도자로 활동함.
```

10 주시경
050~053쪽

❶ (1) 의문 (2) 한자 (3) 설명

❷ ㉣

주시경은 남녀노소를 가리지 않고 한글을 배우려고 하는 사람들에게 한글을 가르쳐 주었습니다.

❸ 한글

주시경은 우리말과 글을 연구하며, 한글의 중요성을 널리 알렸습니다.

❹

```
              주시경
                ↓
      한글의 중요성을 깨달음.
                ↓
        배 재 학당 에 입학
  헐버트와의 만남 후 한글 교육에 나섬.
                ↓
      주 보 따 리 선생님으로 불림.
```

11 안창호

058~061쪽

❶ (1) ⓒ (2) ㉠ (3) ㉡

❷ (1) ○ (2) ✕ (3) ○

> **도움말**
>
> (2) 을사늑약이 맺어지자, 안창호는 미국에서 돌아와 일본의 만행과 교육의 중요성을 알렸습니다.

❸ ④

안창호는 미국에서 새로운 학문을 배웠습니다. 이를 바탕으로 대성학교를 세워 국민들에게 새로운 지식을 전하며 교육 운동을 벌였습니다.

❹

안창호	을사늑약 체결	
미국 유학	→	대성 학교 설립
25살의 나이에도 초등학교에 들어가 공부를 함.		국민의 애국심과 민족의식을 키우기 위해 노력함.

12 한용운

062~065쪽

❶ (1) 주장 (2) 고민 (3) 독립

> **도움말**
>
> (1) 한용운이 불교를 개혁해야 한다는 의견을 내세웠다는 내용이므로, '자기의 의견이나 생각을 굳게 내세움.'이라는 뜻의 '주장'이 들어가는 것이 알맞습니다.
>
> (2) 나라가 혼란해지자, 한용운이 괴로워하다 승려의 길을 걷게 되었다는 내용이므로, '마음속으로 해결이 되지 않아 괴로워함.'이라는 뜻의 '고민'이 들어가는 것이 알맞습니다.
>
> (3) 우리 민족이 일본에게서 벗어나기 위해 3·1 운동과 같은 운동을 펼쳤다는 내용이므로, '다른 것에 속하거나 의존하지 않은 상태.'라는 뜻의 '독립'이 들어가는 것이 알맞습니다.

❷ 은수

한용운은 기존의 불교를 개혁하려고 노력했습니다. 기존 불교를 유지하려는 승려들의 반대가 있었지만, 한용운은 불경을 한글로 쓰는 등 많은 노력을 했습니다.

❸ 독립

한용운의 시 「님의 침묵」에서 '님'은 조국을 뜻하는 것으로 볼 수 있습니다. 한용운은 시를 통해 우리나라의 독립에 대한 자신의 마음을 나타냈습니다.

❹

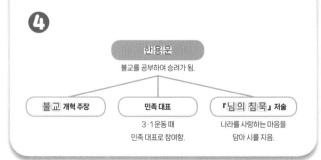

한용운		
불교를 공부하여 승려가 됨.		
불교 개혁 주장	민족 대표	「님의 침묵」 저술
	3·1 운동 때 민족 대표로 참여함.	나라를 사랑하는 마음을 담아 시를 지음.

13 신채호
066~069쪽

1 (1) ⓒ (2) ㉠ (3) ㉡

2 ⓒ

신채호는 어릴 때부터 뛰어난 글솜씨로 유명했고, 의열단의 부탁으로 「조선 혁명 선언」을 썼습니다. 또한 우리 역사 연구를 위해 옛 우리 땅이 있던 중국 땅까지 찾아갔습니다.

3 유리

신채호는 임시 정부를 세우는 데 참여했지만, 이후 이승만과 뜻을 달리하여 임시 정부에서 나왔습니다.

4

```
          신채호
     ┌──────────┴──────────┐
  고대사 연구          「조선 혁명 선언」
「조선상고사」 저술      의열단의 행동 지침
```

14 안중근
070~073쪽

1 (1) ○ (2) X (3) ○

> **도움말**
>
> (2) '교육'은 '지식과 기술을 가르치며 사람됨을 알려 주는 것.'이라는 뜻입니다. '군사적인 힘'은 '무력'의 뜻입니다.

2 ④

안중근은 천주교를 믿었고 '도마'라는 세례명을 받았습니다. 일본의 탄압이 날로 심해지자, 안중근은 교육이나 의병 활동만으로는 나라를 구할 수 없다고 생각하여 의거 활동을 했습니다. 안중근의 총에 이토 히로부미가 쓰러졌고, 안중근은 의거에 성공했습니다.

3 ㉠ - ⓒ - ㉡

을사늑약이 맺어진 것에 분노한 안중근은 의병을 일으켰습니다(㉠). 이후 우리나라 군대가 해산되자 직접 군대를 만들어 일본군과 싸웠습니다(ⓒ). 그럼에도 일본의 힘이 날로 강해지자, 안중근은 이토 히로부미를 총으로 쏘는 의거 활동을 했습니다(㉡).

4

4주★

15 김좌진
074~077쪽

① (1) 참여 (2) 강력 (3) 유인

도움말

(1) 김좌진이 여러 모임에 들어가 나라를 위한 활동을 했다는 내용이므로, '여러 사람이 같이 하는 어떤 일에 끼어들어 함께 일함.'이라는 뜻의 '참여'가 들어가는 것이 알맞습니다.

(2) 김좌진이 독립군의 강한 힘으로 일본을 물리치려고 했다는 내용이므로, '힘이나 영향이 강함.'이라는 뜻의 '강력'이 들어가는 것이 알맞습니다.

(3) 김좌진은 일본군을 깊은 산속으로 꾀어낸 후 공격했다는 내용이므로, '주의나 흥미를 일으켜 꾀어냄.'이라는 '유인'이 들어가는 것이 알맞습니다.

② (1) X (2) ○ (3) ○

도움말

(1) 김좌진은 교육 운동뿐 아니라 여러 모임에 참여하여 나라를 구하려는 활동을 했습니다. 이후 대한 제국이 일본의 식민지가 되자 교육만으로는 나라를 구할 수 없다고 생각하여 독립군을 조직해 일본군을 공격했습니다.

③ 독립군

김좌진의 북로 군정서, 홍범도의 대한 독립군 등 여러 독립군 부대는 힘을 합쳐 일본을 공격했습니다. 그 결과 청산리 전투에서 큰 승리를 거두었습니다.

④

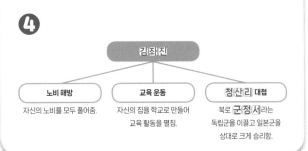

김좌진		
노비 해방	교육 운동	청산리 대첩
자신의 노비를 모두 풀어줌.	자신의 집을 학교로 만들어 교육 활동을 펼침.	북로 군정서라는 독립군을 이끌고 일본군을 상대로 크게 승리함.

16 방정환
082~085쪽

① (1) ㉢ (2) ㉠ (3) ㉡

② 지연

방정환은 천도교에 관심이 많아 손병희를 만났고, 그와 함께 나라를 위해 일했습니다. 또한 손병희의 사위가 되기도 했습니다.

③ ⑤

방정환은 아이들을 존중한다는 의미로, '어린이'라는 말을 만들었습니다.

④

방정환
↓
천도교와의 인연
손병희과/와의 만남 이후 조선 총독부에서 일하는 것을 그만 두고 그의 사위가 됨.
↓
어린이 운동
어린이를 위한 잡지와 어린이날을 만듦.

17 유관순
086~089쪽

❶ (1) ㉡ (2) ㉠ (3) ㉢

❷ ⑤

'각 민족은 외국의 간섭 없이 민족 스스로 운명을 결정해야 합니다.'라는 미국 대통령의 말에, 우리 민족의 독립에 대한 열망이 불타올랐습니다.

❸ ㉢ - ㉡ - ㉠ - ㉣

1919년 3월 1일, 만세 시위가 일어나자 유관순도 이화 학당 학생들과 함께 참여했습니다(㉢). 일본이 학교들에 휴교령을 내리자, 이화 학당도 문을 닫았고 유관순은 고향으로 내려갔습니다(㉡). 고향으로 내려간 유관순은 아우내 장터에서 독립을 이루자는 연설을 하고 시위했습니다(㉠). 이로 인해 유관순은 일본에 붙잡혔지만, 감옥 안에서도 만세 시위를 계속했습니다(㉣).

❹

유관순	
3·1 운동	선교사의 도움으로 풀려남.
서울에서 만세 운동을 하다가 붙잡힘.	풀려난 이후 고향으로 내려와 만세 운동을 함.
순국	재판과 투옥
감옥에서도 '대한 독립 만세'를 외치다가 고문을 받아 목숨을 잃음.	체포되어 재판을 받을 때도 당당한 모습을 유지하다가 감옥에 갇힘.

18 나운규
090~093쪽

❶ (1) 검열 (2) 배우 (3) 삭제

> **도움말**
>
> (1) 일본이 영화를 미리 검사하여 나운규의 영화의 제목이 바뀌었다는 내용이므로, '언론, 출판, 예술 등에 대해 미리 검사하여 내용을 조정함.'이라는 뜻의 '검열'이 들어가는 것이 알맞습니다.
> (2) 나운규가 연극을 하는 극단을 만나 연기를 했다는 내용이므로, '연극이나 영화에 등장하는 인물로 연기를 하는 사람.'이라는 뜻의 '배우'가 들어가는 것이 알맞습니다.
> (3) 일본이 항일적인 영화의 내용을 지우라고 했다는 내용이므로, '깎아 없애거나 지워 버림.'이라는 뜻의 '삭제'가 들어가는 것이 알맞습니다.

❷ ㉣

나운규의 '아리랑'은 일본의 검열로 인해 일부 내용이 삭제되기도 했습니다. 하지만 나운규는 포기하지 않고 계속해서 영화를 만들었습니다.

❸ ㉡

나운규는 영화 '아리랑'을 만들고 직접 출연도 했습니다. 독립군으로 활동하기도 했던 나운규는 우리 민족의 나라 잃은 아픔을 영화에 담았습니다. 하지만 어린이날은 제정하지 않았습니다.

❹

19 이봉창
094~097쪽

❶ (1) 무시 (2) 철도 (3) 의거

❷ (1) ○ (2) X (3) ○

도움말

(2) 이봉창은 독립운동을 하기 위해 임시 정부를 찾아갔지만, 임시 정부의 많은 사람들은 그를 일본인이라 생각하여 거리를 두었습니다. 이때 김구는 이봉창이 조선인임을 알아보고 그를 믿었습니다.

❸ ③

이봉창은 김구가 만든 항일 단체인 한인 애국단에 들어가, 일왕을 죽이겠다는 계획을 밝혔습니다. 그러자 김구는 자금을 모아 주고 폭탄을 구해 주었습니다. 이봉창은 김구가 구해 준 폭탄을 일왕에게 던졌습니다.

❹

이봉창	
↓	
일본인이 되기 위한 노력	일본으로 건너가 **일본**인으로 살기 위해 이름과 습관까지 완전한 일본인으로 바꿈.
↓	
깨달음	아무리 노력해도 자신이 어쩔 수 없는 **조선**인임을 깨닫고 독립운동에 나서기로 함.
↓	
한인 애국단 가입과 의거	**일왕**에게 폭탄을 던졌으나 실패함.

20 윤봉길
098~101쪽

❶ (1) ○ (2) X (3) ○

도움말

(2) '의사'는 '의로운 뜻을 품고 일어난 애국자.'라는 뜻입니다. '군의 우두머리로 군을 지휘하고 통솔하는 무관.'은 '장군'의 뜻입니다.

❷ ㉠ - ㉣ - ㉡ - ㉢

이봉창이 일왕에게 폭탄을 던졌다는 소식(㉠)을 들은 윤봉길은 김구를 찾아가 독립운동에 힘을 보태고 싶다는 뜻을 밝혔습니다(㉣). 윤봉길은 일본의 장군과 높은 관리들이 모인 기념 행사에 찾아가 폭탄을 던졌습니다(㉡). 윤봉길은 바로 잡혀갔지만, 이를 계기로 중국은 대한민국 임시 정부를 도왔습니다(㉢).

❸ 유리

윤봉길은 처음에 나라를 되찾기 위해 교육을 통해 힘을 키워야 한다고 생각했습니다. 하지만 일본의 만행이 점점 심해지자, 윤봉길은 나라를 위해 목숨을 바치겠다고 마음먹고 독립운동에 참여했습니다.

❹

윤봉길	⇄	김구

이봉창 의거 소식을 듣고 김구를 찾아감.

시계을/를 교환함.
↓
훙커우 공원 의거

• 도시락 폭탄과 **물통** 폭탄으로 의거에 성공함.
• 이후 중국이 대한민국 임시 정부를 돕게 됨.

21 이중섭
106~109쪽

❶ (1) 공산주의 (2) 광복 (3) 유엔군

❷ 미나

이중섭은 주로 소를 그렸는데, 힘든 일도 묵묵히 해내는 소가 우리 민족 같다고 생각했기 때문입니다. 또 흰옷을 즐겨 입던 우리 민족의 모습을 나타내기 위해 소를 주로 흰색으로 칠했습니다.

❸ (1) 가족 (2) 굵은 선

이중섭은 주로 소, 어린이, 가족을 주제로 한 그림을 그렸습니다. 그리고 힘차고 굵은 선으로 단순한 형태의 그림을 그렸습니다.

❹

```
                    이중섭
        ┌──────────────┴──────────────┐
  한국 서양화의 중심              비운의 화가
  우리 민족을 상징하는      • 공산주의를 따르는 사람들이 이중섭 집
  흰 소를 그림.              의 재산을 빼앗음.
                          • 가난으로 인해 아내와 두 아들과 이별함.
                          • 쓸쓸하게 생을 마감함.
```

22 이육사
110~113쪽

❶ (1) ㉢ (2) ㉡ (3) ㉠

❷ (1) X (2) ○ (3) ○

도움말

(1) 이육사의 원래 이름은 이원록입니다. 이육사는 감옥에 있을 때 그의 죄수 번호로 지은 이름입니다.

❸ 민재

이육사의 시는 직설적으로 표현하기보다는 비유적 표현을 통해 독립에 대한 의지를 나타냈습니다.

❹

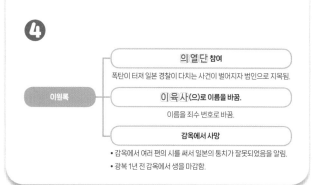

```
              ┌──────────────────────────────────────┐
              │            의열단 참여                  │
              │  폭탄이 터져 일본 경찰이 다치는 사건이 벌어지자 범인으로 지목됨. │
              ├──────────────────────────────────────┤
  이원록 ─────┤        이육사(으)로 이름을 바꿈.           │
              │     이름을 죄수 번호로 바꿈.              │
              ├──────────────────────────────────────┤
              │            감옥에서 사망                │
              │ • 감옥에서 여러 편의 시를 써서 일본의 통치가 잘못되었음을 알림. │
              │ • 광복 1년 전 감옥에서 생을 마감함.        │
              └──────────────────────────────────────┘
```

23 전형필   114~117쪽

❶ (1) ⓒ (2) ⓛ (3) ㉠

❷ ⓛ

전형필은 큰돈을 주고 '훈민정음 해례본'을 얻었습니다.

❸ 문화유산

전형필은 '훈민정음 해례본', 고려청자, 김홍도와 신윤복의 그림 등 값진 우리의 문화유산을 보존함으로써 우리나라의 문화와 역사를 지켜 냈습니다.

❹

문화유산에 대한 관심	문화유산 수집	문화유산의 보존
독립운동가 오세창과의 만남을 통해 문화유산의 소중함을 깨달음.	훈민정음 해례본 등 다양한 문화유산을 수집함.	간송 미술관 건립 → 자신이 모은 문화유산을 보관하고자 건립함.

전형필

24 이승만   118~121쪽

❶ (1) ○ (2) X (3) ○

> 도움말
> (2) '이념'은 '이상적인 것으로 여겨지는 생각이나 견해.'라는 뜻입니다. '나라를 비롯한 집단의 대표자를 뽑는 일.'은 '선거'의 뜻입니다.

❷ ③

이승만은 통일된 나라를 세울 수 없다면 남한만의 나라를 만들 것을 주장했습니다. 그리고 남한의 국회에서 초대 대통령으로 뽑혔습니다.

❸ ⓛ-ⓔ-㉠-ⓒ

우리나라는 남북 각각 정부를 세우게 되었고, 남한의 국회에서 이승만이 대통령으로 뽑혔습니다(ⓛ). 이승만은 6·25 전쟁 중 법을 바꾸어 또 대통령이 되었고(ⓔ), 연달아 대통령이 될 수 없다는 법을 고쳐 세 번째로 대통령이 되었습니다(㉠). 이후 부정 선거에 분노한 국민들이 4·19 혁명을 일으켰고(ⓒ), 이승만은 대통령 자리에서 물러났습니다.

❹

독립운동	대한민국 정부의 초대 대통령	스스로 물러남.
대한민국 임시 정부가 만든 구미 위원부에서 활동함.	광복 이후 대한민국의 초대 대통령에 임명됨.	4·19 혁명으로 인해 물러남.

이승만

25 장기려

122~125쪽

1 (1) 의사 (2) 집중 (3) 치료

> **도움말**
>
> (1) 장기려가 많은 환자들의 병을 고쳐 주었다는 내용이므로, '일정한 자격을 가지고 병을 고치는 것을 직업으로 하는 사람.'이라는 뜻의 '의사'가 들어가는 것이 알맞습니다.
>
> (2) 장기려는 자신의 성공보다 환자들을 치료하는 데모든 힘을 쏟았다는 내용이므로, '한 가지 일에 모든 힘을 쏟아 부음.'이라는 뜻의 '집중'이 들어가는 것이 알맞습니다.
>
> (3) 장기려는 돈 없는 환자들도 병을 고칠 수 있게 노력했다는 내용이므로, '병이나 상처 따위를 잘 다스려 낫게 함.'이라는 뜻의 '치료'가 들어가는 것이 알맞습니다.

2 (1) ○ (2) ○ (3) X

> **도움말**
>
> (3) 장기려가 만든 청십자는 가난한 사람들이 건강한 삶을 살 수 있도록 하기 위해 만든 단체입니다.

3 은수

장기려는 평생을 환자들을 위해 살았습니다. 그는 돈이 없는 환자들의 치료비를 대신 내 주기도 했습니다.

4

```
                    장기려
          ┌───────────┴───────────┐
   한국의 슈바이처              청십자 설립
   6·25 전쟁이 터지자        돈이 없어 치료를 받지 못하는
굶주림과 병에 시달리는 환자들을 위해   환자들을 위해 보험을/를 도입함.
      무료로 치료를 해줌.
```

memo

단꿈아이의 초등 교육 플랫폼
단꿈 e를 소개합니다

저희 단꿈e는 다양한 과목의 흥미로운 강의와 인터렉티브 학습 도구를 통해,
초등학생들이 스스로의 학습 속도에 맞추어 창의력을 마음껏 발휘하며
즐겁게 학습할 수 있도록 돕습니다.

초3 버릇 고3 간다
단꿈 e

www.dankkume.com

설민석의 초등 한국사 독해

한국사와 독해력을 한 번에 완성!

1 권
우리 역사의 시작~고대

2 권
통일 신라와 발해~고려

3 권
조선

4 권
일제 강점기~현대

설민석의 초등 한국사

우리 아이 한국사 첫걸음!
현직 초등 교사가 추천하는
초등 한국사 참고서!

어린이제품 안전 특별법에 의한 기타표시사항

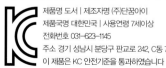

제품명 도서 | 제조자명 (주)단꿈아이
제품국명 대한민국 | 사용연령 7세이상
전화번호 031-623-1145
주소 경기 성남시 분당구 판교로 242, C동 701-2호
이 제품은 KC 안전기준을 통과하였습니다